PAN
82.73
NEI

4-05

EL CORAJE
DE SER
CATÓLICO

GEORGE WEIGEL

EL CORAJE DE SER CATÓLICO

CRISIS, REFORMA Y FUTURO DE LA IGLESIA

Traducción de Claudia Casanova

Emecé Editores

```
262    Weigel, George
WEI    El coraje de ser católico.- 1ª ed. – Buenos Aires :
       Emecé, 2003.
       232 p. ; 23x15 cm.- (Ensayo)

       Traducción de: Claudia Casanova

       ISBN 950-04-2468-1

       I. Título – 1. Catolicismo
```

Título original: *The Courage To Be Catholic*

© George Weigel, 2002
© por la traducción, Claudia Casanova, 2003
© Editorial Planeta, S. A., 2003
Diagonal, 662-664, 08034 Barcelona (España)

Primera edición: marzo de 2003
ISBN 84-08-04693-4
ISBN 0-465-09260-8 editor Basic Books, Nueva York,
edición original

© 2003, Emecé Editores S.A.
Independencia 1668, C 1100 ABQ, Buenos Aires, Argentina

Diseño de cubierta: *Mario Blanco*
1ª edición en este formato: 3.000 ejemplares
Impreso en Verlap S.A. Producciones Gráficas,
Spurr 653, Avellaneda,
en el mes de julio de 2003.
Reservados todos los derechos. Queda rigurosamente prohibida,
sin la autorización escrita de los titulares del "Copyright", bajo
las sanciones establecidas en las leyes, la reproducción parcial o total
de esta obra por cualquier medio o procedimiento, incluidos
la reprografía y el tratamiento informático.

IMPRESO EN LA ARGENTINA / PRINTED IN ARGENTINA
Queda hecho el depósito que previene la ley 11.723
ISBN: 950-04-2468-1

Índice

Introducción 11

1. En qué consiste la crisis 19
   Un monstruo de tres cabezas 28
   Una crisis de identidad de los sacerdotes 31
   Una crisis de liderazgo episcopal 37
   Una crisis de seguimiento de Cristo 40

2. En qué no consiste la crisis 43
   Celibato 45
   ¿Una Iglesia «autoritaria»? 49
   ¿Fracaso al aplicar el Concilio Vaticano II? 51
   ¿Una «crisis de pedofilia»? 53
   ¿Una crisis creada por los medios de comunicación? 54
   ¿Tiene la culpa la ética sexual católica? 59

3. Cómo se produjo la crisis 63
   ¿Por qué ahora? ¿Por qué de esta forma? 65
   La «tregua de 1968» 73
   La disidencia entre los teólogos 77
   El impacto en los seminarios 79

El síndrome del «sanador herido»   82
Los inicios de la reforma   84
¿Disidencia fiel?   87

4. Por qué fallaron los obispos   91
Una crisis de identidad   96
La jaula de la burocracia   99
El viejo y el nuevo clericalismo   103
El triunfo de la psicoterapia   104
Los trabajos de la compasión   107
No parecer «conservador»   108
Espíritu de club   111
El fracaso de la imaginación   114

5. Roma y la crisis   117
Fuera de la autopista de la información   120
Los viejos hábitos son difíciles de abandonar   124
Guerras culturales   127
Un problema de comunicación   128
¿Un producto demasiado vendido?   132
El giro   133
La curva de aprendizaje   141

6. El programa de reforma: seminarios y noviciados   143
¿Visita apostólica?   144
Reclutamiento y selección   147
Educación para la castidad   150
Homosexualidad y seminario   155
Poner la psicología en su sitio   157
Las riquezas de la teología   159

7. El programa de reforma: el sacerdocio   165
Una educación continua   169

Profundizar en la fraternidad   171
Dar la bienvenida a los recién ordenados   173
Ascetismo y estilo de vida   174
Sacerdotes y laicos   176
Sacerdotes y vocaciones sacerdotales   179
Cómo tratar las conductas deshonestas   181

8. Programa para la reforma: los obispos y el Vaticano   187
   La selección de los obispos   191
   La Conferencia Episcopal   198
   Cambios en Roma   202

9. De la crisis a la reforma   207
   El último hurra   208
   La ley de hierro   211
   El segundo misterio doloroso   212
   ¿La Iglesia de quién?   214
   La gran aventura   216

Agradecimientos   219
Índice analítico   221

A todos aquellos que quieren contribuir a una reforma auténticamente católica de la Iglesia de Estados Unidos

Ya sabéis quiénes sois

No tengáis miedo

Introducción

La Iglesia católica de Estados Unidos sufrió, durante los primeros meses de 2002, la peor crisis de su historia. Cuando el 13 de febrero comenzó la cuaresma, la imposición de la ceniza fue un momento triste para millones de católicos. Algo había ido tremendamente mal; algo se había roto y necesitaba ser reparado.

Como toda comunidad cristiana, la Iglesia católica es una iglesia de pecadores. Su ritmo espiritual repite el antiguo ciclo bíblico de error, arrepentimiento, penitencia, perdón y reconciliación. Pero incluso en una iglesia que sabe mucho sobre el pecado, algunos actos de maldad siguen manteniendo la capacidad de sobrecogernos. Que determinados sacerdotes, hombres a los que tradicionalmente llamamos «padres», abusen sexualmente de menores es uno de esos actos de maldad. También lo es la incapacidad de los obispos, que en la simbología antigua aparecen como pastores, para proteger al rebaño de los depredadores, especialmente de quienes lo amenazan desde el interior de la propia familia de creyentes. El hecho de ver todos los días en los periódicos, durante los primeros meses de 2002, noticias sobre la conducta sexual deshonesta del clero, al parecer muy extendida, produjo una profunda conmoción entre los católicos; conmoción que se vio intensificada por lo que incluso los más comprensivos católicos tacharían de respuesta irresponsable y estúpida por parte de algunos obispos a lo que eran graves pecados y delitos. Llegados a este punto, uno más uno ya no sumaban sólo dos: sumaban una crisis sin precedentes.

En el lenguaje y en el pensamiento de la Biblia, «crisis» tiene dos significados distintos. El primero es el significado más conocido del término: el venerable *Webster's Seventh Collegiate Dictionary* define una «crisis» como «el punto decisivo, para bien o para mal, en una fiebre o enfermedad aguda [...]; un ataque fulminante de dolor, sufrimiento o una afección aguda sobre las funciones vitales [...]; un suceso emocionalmente importante o un cambio radical de estatus en la vida de una persona». Según estas definiciones, la Iglesia católica norteamericana estuvo sin duda alguna, durante toda la primera mitad de 2002, en «crisis». No obstante, el segundo significado de «crisis» en el mundo bíblico es muy instructivo: una «crisis» es también un momento de grandes oportunidades, una invitación a una fe más profunda, una llamada a una conversión más completa.

La premisa de este pequeño libro es que entenderemos mejor la actual crisis de la vida católica si la interpretamos según esta segunda acepción: como una formidable oportunidad. Pero una oportunidad, ¿para qué? Para profundizar en las reformas de la Iglesia católica que se iniciaron en el Concilio Vaticano II entre 1962 y 1965, que son las mismas que el papa Juan Pablo II ha tratado de impulsar a lo largo de su pontificado.

Como prácticamente todo lo demás en la vida católica, la propia palabra «reforma» ha sido muy discutida desde el Concilio Vaticano II. Aquellos a los que habitualmente se denomina católicos «reformistas» serían mejor descritos como un equipo de demolición que no se contentará con menos que con transformar el catolicismo en una especie de alta iglesia, en una «confesión» americana políticamente correcta, en un «catolicismo *light*». En el otro extremo del espectro, los católicos de inclinaciones más tradicionales se han apartado de las poderosas connotaciones protestantes de la palabra «reforma» y prefieren la palabra «renovación» para describir lo que ellos creen que pretendía el Concilio Vaticano II y pretende Juan Pablo II. A la luz del doble escándalo que afecta a los abusos sexuales por parte de sacerdotes y a la deshonestidad de algunos obispos, quizá todo el mundo en la Iglesia católica, incluyendo a ese gran grupo de fieles católicos para los que las discusiones entre facciones eclesiásticas son mucho menos interesantes que los sacramentos y la parroquia local, pueda estar de acuerdo en que lo que la Iglesia necesita es una *reforma*.

¿En qué consiste una auténtica reforma *católica*?

Una Iglesia que tiene a sus espaldas más de dos mil años de historia ha pasado inevitablemente por muchos momentos de crisis y muchas reformas. En cada uno de esos momentos, cuando se ha logrado transformar la crisis-como-cataclismo en crisis-como-oportunidad, la reforma ha significado una vuelta a las raíces de la iglesia con el fin de comprender y atender mejor al espíritu y a las necesidades de un tiempo y un lugar determinados. «Reforma», en la historia de la Iglesia católica, ha significado recuperar, renovar y desarrollar elementos de la tradición eclesiástica que a menudo han sido olvidados. No ha comportado rechazar el pasado, ni desvincularlo del presente y el futuro. En la Iglesia católica, la genuina «reforma» siempre ha comportado una vuelta al pasado, a las raíces, de tal forma que se cree la posibilidad de un futuro verdaderamente nuevo.

Eso es lo que sucedió en lo que se ha dado en llamar la Edad Oscura, cuando, tras la caída del Imperio romano, la misma supervivencia del Occidente cristiano parecía amenazada. La reforma que llevaron a cabo grandes monjes y monjas como san Benito y santa Escolástica creó nuevas formas de seguimiento cristiano, que salvaron tanto la memoria de la Iglesia como la civilización occidental. Lo mismo volvió a suceder en los inicios de la Edad Media, cuando un clero decadente amenazaba la misión de la Iglesia. Las reformas impulsadas por el papa Gregorio VII revivieron prácticas penitenciales de los primeros tiempos y se remontaron a tradiciones tan antiguas como el celibato de los sacerdotes, con el objeto de preparar a la Iglesia para un futuro más noble. Es lo que sucedió también en el siglo XVI, cuando la Reforma protestante fracturó la cristiandad occidental: el Concilio de Trento (1545-1563) examinó sin tapujos la corrupción y errores de la Iglesia, reafirmó la plenitud de la verdad católica e hizo de la tradición la base de una reforma total y absoluta de los seminarios, el clero, los obispados, el culto y, en definitiva, de prácticamente todas las facetas de la vida católica.

Y es precisamente lo que se proponía el Concilio Vaticano II: «actualizar» el catolicismo para el siglo XXI sirviéndose de las principales y más profundas fuentes de la fe: la Biblia, los grandes Padres de la Iglesia del primer milenio y los maestros medievales de teología. Al volver a esas fuentes de fe, los obispos del Concilio Vaticano II tenían la esperanza de que la Iglesia católica fuera capaz de predicar con más éxito el apasionado amor de Dios por toda la humanidad que se manifestó en el hijo de Dios Encarnado, Jesucristo, crucificado y resucitado de entre los muertos. Al redescubrir sus propias raíces, la Iglesia católica podría ofrecer mejor a Jesucristo al mundo; quien, como dice Juan Pablo II, es la respuesta a la pregunta de todo hombre.

Todo gran período de reforma de la historia católica ha conllevado una renovación profunda del clero y del episcopado. Ésa es precisamente una de las cosas que, evidentemente, hoy hacen falta, si es que la promesa del Concilio Vaticano II va a convertirse en realidad. Para comprender lo que nos estamos jugando, así como el significado de una reforma genuina, los católicos sólo necesitan mirar unos quinientos años atrás. Entre 1512 y 1517, el Concilio Lateranense V se reunió en Roma. Se pretendía que fuese un gran concilio reformador. Pero no lo fue. ¿Por qué? Porque su análisis de la crisis católica fue superficial, porque las reformas que propuso fueron inadecuadas o inadecuadamente implementadas y, por último, porque los obispos de la Iglesia, incluido el papa, carecían de la voluntad y el valor necesarios para hacer lo que se debía. El fracaso del Concilio Lateranense V fue el preludio de la Reforma, que destruyó la unidad de la cristiandad occidental y puso en marcha ciertas dinámicas que finalmente condujeron a las interminables guerras religiosas europeas. No lograr la reforma cuando es necesaria tiene un altísimo coste.

Nadie sabe si, en el siglo XXV, el Vaticano II será recordado como otro Lateranense V, un concilio reformista que fracasó, o como otro Trento, un concilio reformista que tuvo tanto éxito que marcó el rumbo de la vida católica durante más de cuatrocientos años. El pontificado de Juan Pablo II ha consistido en un heroico esfuerzo para asegurar que el Vaticano II —que realizó un profundo y cristiano análisis de la crisis de la civilización en los albores de un nuevo siglo y de un nuevo milenio— se convierta en un segundo Trento y no en un nuevo Lateranense V. El tema no es si el Vaticano II realizó un análisis correcto de la situación de la Iglesia; la cuestión es si ese análisis ha sido bien entendido y las medidas allí decididas rigurosamente aplicadas. La actual crisis de la Iglesia católica en Estados Unidos ha mostrado claramente que incluso un papa tan dinámico y eficiente como Juan Pablo II ha dejado al resto de la Iglesia mucho trabajo por hacer.

Los cristianos, como individuos, fallamos cuando apartamos la mirada de Cristo y nos volvemos a otros lugares en busca de seguridad. Como Pedro en el Evangelio, nosotros también podemos «caminar sobre las aguas», pero sólo mientras mantengamos nuestros ojos fijos en Cristo, que nos impulsa a hacer algo que creíamos por encima de nuestra capacidad. Lo mismo sucede con la Iglesia. En el fondo, toda crisis de la Iglesia es una crisis de fidelidad. Y la respuesta a una crisis de fidelidad es precisamente fidelidad: una conversión más profunda a Cristo, una reforma más plenamente católica del catolicismo. Entre las muchas complejidades de la crisis católica de 2002, que se explorarán en las páginas que siguen, emerge una afirmación directa y sencilla: ésta es una crisis de *fidelidad*.

Crisis significa trauma, pero también oportunidad. El trauma de la Iglesia católica en Estados Unidos en 2002 se convertirá en una oportunidad de profundizar y extender las reformas del Concilio Vaticano II si la Iglesia se vuelve no menos, sino más católica; si la Iglesia redescubre el coraje de ser católica. La respuesta a la crisis no está en la deconstrucción de la fe católica ni en suavizar aún más la disciplina. No implicará la claudicación de la Iglesia católica a la decadencia de la revolución sexual, como ha sucedido con tantas otras comunidades cristianas. Estas rendiciones, y el tremendo sufrimiento humano que causan, son una de las razones de la crisis, no la solución. La respuesta a la actual crisis no la encontraremos en el catolicismo *light*. Sólo la hallaremos en el catolicismo tradicional, un catolicismo con el valor necesario para estar en la contracultura; un catolicismo que ha recuperado la sabiduría del pasado para hacer frente a las corrupciones del presente y crear un futuro renovado; un catolicismo que se arriesga en la noble aventura de la fidelidad.

La Iglesia católica ha aprendido lo que significa la reforma de su padre, el judaísmo, pues las pautas para la auténtica reforma católica tomaron forma en la Biblia hebrea. Los profetas insistían en que la solución al hecho de que Israel adorara a otros dioses no era una mayor sutileza en la adoración de los falsos dioses (idolatría *light*), ni tampoco hallar formas más in-

teligentes de encubrir las apuestas espirituales personales (sincretismo *light*), sino más bien una fidelidad radical al único Dios verdadero y sus mandamientos. De forma similar, las crisis de fidelidad en la Iglesia católica nunca son remediadas por el catolicismo *light*, sino sólo por una más radical fidelidad a la plenitud de la fe católica. La actual crisis está obligando a la Iglesia a recordar esta verdad y a actuar en consecuencia.

El objetivo de este libro radica en ver en qué consiste la actual crisis de la Iglesia católica, en analizar cómo ha llegado a suceder y cómo puede convertirse en una gran oportunidad para la reforma.

CAPÍTULO UNO
En qué consiste la crisis

Los pioneros católicos de las trece primeras colonias tocaron tierra en la isla de St. Clement, en el río Potomac, al sur del actual Washington, D. C., el 25 de marzo de 1634. Durante los siguientes 368 años, la Iglesia católica de Estados Unidos nunca experimentó algo siquiera parecido a lo que sucedió en el primer semestre del 2002.

— El 6 de enero de 2002, el *Boston Globe* publicó que John Geoghan, un ex sacerdote, había sido acusado fehacientemente de haber abusado sexualmente de más de ciento treinta niños durante un período de unos treinta años. Durante ese lapso de tiempo, los funcionarios archidiocesanos de Boston destinaron a Geoghan a tres parroquias diferentes, tras recibir antes de cada uno de los traslados garantías por parte de psicólogos de que Geoghan estaba «curado». Los acuerdos con las víctimas de Geoghan habían costado unos diez millones de dólares y todavía quedaban querellas pendientes. En febrero, Geoghan fue sentenciado a una condena de entre nueve y diez años de cárcel tras ser encontrado culpable de abusar sexualmente de un niño de diez años.

— El 29 de enero, la diócesis de Tucson llegó a un acuerdo extrajudicial en once demandas civiles que alegaban abusos sexuales por parte de cuatro sacerdotes (dos de los cuales aún estaban vivos) contra dieciséis de los demandantes. Uno de los episodios de abusos tuvo lugar en 1989, mientras que el resto sucedieron entre 1967 y 1976. Los daños se estimaron en varios millones de dólares.

— El 31 de enero, el *Boston Globe* publicó que se había llegado a acuerdos extrajudiciales en casos que involucraban «al menos a setenta sacerdotes» que habían servido en la archidiócesis de Boston durante los últimos cincuenta años.

— El 2 de febrero, la archidiócesis de Boston relegó de sus parroquias a dos sacerdotes ocho días después de que el arzobispo, el cardenal Bernard F. Law, aseguró «que todos los sacerdotes que habían sido acusados de abusos sexuales a menores» habían sido apartados del trabajo en parroquias.

— El 15 de febrero, la diócesis de Manchester, en New Hampshire, anunciaba que la oficina local del fiscal del Estado había recibido los nombres de catorce sacerdotes acusados de abusos sexuales, siete de los cuales ya habían sido suspendidos de su ministerio. El resto fueron suspendidos ese mismo día.

— El 3 de marzo, el padre Michael Pecharich, un sacerdote de Orange County, California, dijo adiós a su parroquia tras admitir que había abusado de un adolescente a principios de los años ochenta.

— El 4 de marzo, *Los Angeles Times* informó de que el cardenal Roger Mahony había ordenado «al menos a una docena de sacerdotes californianos que se habían visto envueltos en casos de abusos sexuales [...] que se retiraran o, en su caso, que abandonaran su ministerio». El hecho de que Mahony se negase a dar el número exacto, los nombres y el historial de destinos de los sacerdotes implicados levantó una ola de críticas. Se filtraron a la prensa correos electrónicos internos cruzados entre Mahony y sus subordinados en los que discutían acerca de cómo enfocar en las relaciones públicas las complicaciones que comportaban las dimisiones forzosas de sacerdotes; correos electrónicos que fueron leídos en las emisoras locales de radio y luego publicados.

— El 6 de marzo, el *Boston Globe* publicó que un sacerdote jesuita había sido apartado de la docencia en el instituto Boston College tras haberse recibido acusaciones de que había abusado sexualmente de un estudiante veinte años atrás. Esta noticia llegó sólo un día después de que se descubrió que otros dos jesuitas habían agredido sexualmente a estudiantes de la escuela durante ese mismo período. Un día después, según el *Globe*, «la provincia de Nueva Inglaterra ha entregado a los fiscales del condado de Sufolk [...] los nombres de cinco sacerdotes jesuitas que han sido acusados de delitos contra la moral sexual».

— El 8 de marzo, el obispo Anthony O'Connell, de Palm Beach, Florida, dimitió de su puesto, admitiendo que había abusado de un seminarista de quince años en 1975. O'Connell había sido asignado a la diócesis de Palm Beach en 1998 para sustituir al obispo J. Keith Symons, que había dimitido tras confesarse culpable de abusos a menores. En la conferencia de prensa en que anunciaba su dimisión, el obispo O'Connell reconoció que podía ser que se formulara contra él al menos otra acusación por abusos sexuales. Sugirió que durante sus años de formador en el seminario se había visto demasiado influenciado por los psicoterapeutas sexuales Masters y Johnson, y les pidió a aquellos que guardasen ira contra él que «rogasen por el perdón de mis pecados».

— El 17 de mayo, el *Hartford Courant* publicó, basándose en documentos judiciales confidenciales de 1999, que «Edward M. Egan, cardenal de Nueva York, mientras era obispo de la diócesis de Bridgeport, permitió que varios sacerdotes sobre los que pendían múltiples acusaciones de abusos sexuales siguieran ejerciendo su trabajo durante años, incluyendo a uno que admitió haber mordido a un adolescente mientras practicaban sexo oral».

— A mediados de marzo, el fiscal general de Estados Unidos, John Ashcroft, al informar sobre la investigación de una red internacional de pornografía infantil, declaró que entre los que estaban siendo buscados o ya habían sido detenidos, se encontraban dos sacerdotes católicos.

— El 23 de marzo, el obispo Robert Lynch, de St. Petersburg, Florida, reconoció que la diócesis había pagado cien mil dólares como indemnización por despido a la ex directora de comunicación del obispo, que lo había acusado de acoso sexual. Lynch negó los cargos.

— El 24 de marzo, *Los Angeles Times* anunció que dos jesuitas, un sacerdote y un hermano, habían abusado durante décadas de dos hombres disminuidos psíquicos que trabajaban en un centro de retiro jesuita en Los Gatos, California.

— El 26 de marzo, la diócesis de Cleveland anunció que nueve sacerdotes estaban siendo investigados por abusos sexuales a menores, mientras que otros doce habían «dejado el ministerio activo» por cargos similares. El padre Donald F. Rooney, que había sido acusado de abusar de una niña en 1980, se pegó un tiro.

— El 28 de marzo, el *Chicago Tribune* publicó que un sacerdote cuyo trabajo en un comité que supervisaba los presuntos casos de abusos sexuales del clero había sido muy alabado, había dimitido de su labor pastoral en Winnetka tras haber sido acusado de haber llevado una «conducta sexual inmoral» con un adolescente en la década de los setenta. Ese mismo día, William Murphy, obispo de Rockville Centre, Nueva York, anunció que había proporcionado a las autoridades locales los nombres de los sacerdotes cuyos expedientes indicaban que habían sido acusados de abusar sexualmente de menores.

— En la carta anual que dirige a los sacerdotes en Jueves Santo (28 de marzo), el papa Juan Pablo II reconocía «[...] los pecados de algunos hermanos nuestros que han traicionado la gracia recibida con la ordenación, cediendo incluso a las peores manifestaciones del *mysterium iniquitatis* que actúa en el mundo». Al presentar la carta papal en una rueda de prensa en el Vaticano el 21 de marzo, el cardenal Darío Castrillón Hoyos, prefecto de la Congregación para el Clero, no atendió a las preguntas de los periodistas sobre la situación en Estados Unidos, dando a entender que se trataba en parte de una exageración de los medios de información norteamericanos, una conclusión que se hallaba manifiestamente ausente de la carta papal. (El 28 de marzo, el arzobispo de Poznan, en Polonia, Juliusz Paetz, dimitió tras ser acusado de haber acosado sexualmente a varios seminaristas. Cuatro días después, el 1 de abril, Brendan Comiskey, obispo de Ferns, en Irlanda, dimitió después de que un documental de la BBC reveló que había protegido durante algunos años a sacerdotes con historial de abusos sexuales. Tres semanas después, un sacerdote abandonaba su trabajo pastoral después de que un hombre que había sido su amante comenzara a distribuir un vídeo en el que se los veía a ambos.)

— El 4 de abril, un sacerdote de Baltimore, Maryland, el padre Steven Girard, fue apartado de sus obligaciones tras ser acusado de mentir a los fiscales sobre su encuentro con un hombre que ejercía la prostitución.

— El 5 de abril, un sacerdote de Rhode Island, el padre Daniel Azzarone, fue procesado, acusado de agresión sexual. Previamente había sido suspendido del sacerdocio tras ser arrestado para responder de esos mismos cargos.

— El 8 de abril, el *Globe* publicó que Paul Shanley, un sacerdote «de la calle» y un activista que había defendido las relaciones sexuales entre hombres y niños en un congreso en 1978 de lo que más tarde se convertiría en la North American Man-

Boy Love Association,[1] y de quien se sabía que había perpetrado abusos contra jóvenes en las décadas siguientes, había sido recomendado a la diócesis de Bernardino, California, en 1990 con una carta afirmando que no se conocía que hubiera tenido dificultades de ningún tipo durante sus años de estancia en Boston. Los documentos obtenidos por el periódico indicaban que Shanley había recibido cartas de recomendación de responsables archidiocesanos hasta el mismo momento de su jubilación en 1996. El 10 de abril, un editorial del *Boston Globe* pedía al cardenal Law que dimitiera, petición que ya había hecho el *Boston Herald* el 13 de marzo. Ese mismo día, tres sacerdotes, dos pertenecientes a la archidiócesis de Boston y el director del Centro Urbano Jesuita (centro que había llegado a ser premiado por la revista *Boston* con el galardón Best of Boston como el «mejor lugar para conocer a una pareja gay»), desafiaron la política de la archidiócesis e hicieron declaraciones oponiéndose a una enmienda constitucional para prohibir el llamado «matrimonio homosexual», enmienda que la Iglesia católica había decidido apoyar.

— Entre el 8 y el 9 de abril, el presidente y el vicepresidente de la Conferencia Episcopal de Estados Unidos, Wilton Gregory, de Belleville, Illinois, y William Skylstad, de Spokane, Washington, junto con el secretario general de la conferencia, monseñor William Fay, se reunieron con el papa Juan Pablo II y con otros altos cargos de la curia romana para debatir sobre lo que estaba sucediendo en Norteamérica.

— El 11 de abril se presentaron cargos por la vía penal contra el padre Bryan Kushar, un sacerdote de St. Louis, en los que se le acusaba de abusar sexualmente de un adolescente en 1995. Durante los cuatro meses anteriores, según Associated Press

---

1. Asociación Norteamericana del Amor entre Hombres y Niños. *(N. del t.)*

(AP), «más de media docena de sacerdotes han sido apartados» del servicio activo en la archidiócesis de St. Louis.

— El 13 de abril, el *Washington Post* publicó que el arzobispo de Milwaukee, Rembert Weakland, anteriormente alabado por crear un sistema modélico para gestionar las acusaciones de abusos sexuales del clero, había trasladado a un sacerdote —que había admitido haber abusado de un monaguillo de trece años— de una parroquia a otra en 1979, y no lo había apartado del ministerio hasta 1992. En 1979, Weakland había prometido a la familia del adolescente que nunca permitiría que aquel sacerdote volviera a ocupar un puesto que le permitiera cometer abusos a menores de nuevo.

— También el 13 de abril, Bernard F. Law, cardenal de Boston, viajó a Roma para atender durante tres días una serie de reuniones secretas con el papa y altos cargos de la curia sobre la situación en la archidiócesis de Boston y el futuro del propio cardenal.

— El 15 de abril, los cardenales de Estados Unidos y los representantes de la Conferencia Episcopal fueron convocados a una reunión los días 22 y 23 de abril con altos cargos de la curia y con los cardenales norteamericanos residentes en Roma.

— El 16 de abril, la AP informó de que un sacerdote de Pensacola, Florida, que se había declarado culpable por tráfico de drogas en su casa parroquial, había ofrecido drogas a cambio de sexo «al menos con un joven».

— El 19 de abril, el *San Francisco Chronicle* publicó que el cardenal Roger Mahony de Los Ángeles había trasladado a otra parroquia a un sacerdote que había cometido abusos sexuales cuando Mahony era obispo de Stockton, en California. Un abogado de la víctima y un psiquiatra acusaron a Mahony de conocer el historial delictivo del sacerdote, cosa que Mahony había negado bajo juramento durante el juicio del sacerdote en 1998.

— A mediados de abril, según la AP, «un sacerdote en un barrio de Las Vegas fue acusado [...] de acariciar, fotografiar y masajear a chicos adolescentes a los que él dirigía espiritualmente en su parroquia». La diócesis había apartado al padre Mark Roberts de su parroquia el 30 de enero.

— El 22 de abril, *Los Angeles Times* anunció que un cardenal norteamericano, a quien casi todo el mundo identificó como el cardenal Mahony, iba a pedir la dimisión del cardenal Law en una reunión en el Vaticano durante el 23 y el 24 de abril. A finales de ese mes, según *Los Angeles Times*, el cardenal Mahony y la archidiócesis de Los Ángeles «fueron demandados por estafa organizada, negligencia y fraude por hombres que fueron víctimas de abusos sexuales y que afirmaban que la Iglesia se había convertido en una empresa mafiosa que protegía a los sacerdotes que cazaban entre la gente joven».

— Entre el 22 y el 23 de abril se celebró en el Vaticano una reunión sin precedentes en la que participaron los líderes de las tres congregaciones curiales, los cardenales norteamericanos residentes en Roma, los cardenales norteamericanos y representantes de la Conferencia Episcopal de Estados Unidos. En un discurso dirigido a los asistentes, el papa Juan Pablo II resaltó que «no hay lugar en el sacerdocio ni en la vida religiosa para aquellos que hacen daño a los jóvenes».

— El 26 de abril, un sacerdote de Manchester, New Hampshire, el padre George Robichaud, fue arrestado y acusado por agresión sexual cometida en 1985.

— El 29 de abril, *Los Angeles Times* informó de que el padre Carl Surphin, acusado de molestar a cuatro niños, había vivido en la residencia del cardenal Mahony en la catedral de St. Vibiana y había sido recientemente asignado al servicio de Mahony para trabajar como sacerdote asociado de la nueva y céntrica catedral de Nuestra Señora de Los Ángeles.

— El 3 de mayo, el consejo financiero de la archidiócesis

de Boston rechazó un sustancioso acuerdo financiero extrajudicial, estimado entre quince y treinta millones de dólares, previamente establecido con las víctimas de John Geoghan, sobre la base de que el acuerdo no le dejaría suficiente dinero a la archidiócesis para llegar a acuerdos en otros casos de abusos sexuales. El cardenal Bernard Law dijo que esperaba que «conforme pasara el tiempo» las víctimas de Geoghan «ayudaran a diseñar un acuerdo mayor que englobara también a las víctimas que sólo recientemente habían dado un paso al frente».

— El 13 de mayo, Maurice Blackwell, un sacerdote de Baltimore que se hallaba en situación de baja involuntaria, recibió el disparo de un hombre que lo acusaba de haber abusado sexualmente de él nueve años atrás. Un panel de revisión formado por laicos había recomendado no volver a asignarle a Blackwell una parroquia, recomendación que el cardenal William H. Keeler había desestimado. El cardenal Keeler había decidido finalmente poner al sacerdote en situación de «baja involuntaria» después de que otras acusaciones por abusos vieron la luz en 1998.

— El 16 de mayo, el padre Alfred Bietighofer, un anciano sacerdote de sesenta y tres años de Bridgeport, Connecticut, se suicidó ahorcándose en el instituto St. Luke, un famoso centro para el tratamiento de miembros del clero con problemas situado a las afueras de Washington, D. C.

— El 21 de mayo, se admitieron a trámite doce acusaciones por abusos sexuales contra la archidiócesis de Louisville, Kentucky. Uno de los acusados era un antiguo sacerdote de Louisville, J. Kendrick Williams, que luego sería obispo de Lexington, Kentucky. El obispo Williams negó los cargos pero al mismo tiempo se apartó del cargo de obispo. Su dimisión fue aceptada por el papa a principios de junio.

— El 23 de mayo se descubrió (incumpliendo un acuerdo de confidencialidad) que el arzobispo Rembert Weakland, de

Milwaukee, había pagado cuatrocientos cincuenta mil dólares en 1998 a un hombre con quien parecía haber mantenido una relación homosexual veinte años atrás. Weakland, que había alcanzado a principios de abril la edad de jubilación obligatoria (setenta y cinco años) y estaba esperando que el papa aceptara su dimisión y nombrara a su sucesor, hizo unas declaraciones afirmando que había pedido al Vaticano que acelerara la aceptación de su renuncia. Ésta se produjo al día siguiente.

Hay más. Pero el asunto ha quedado claro: se trata de una crisis. Comprender la crisis es el primer paso en su resolución.

Un monstruo de tres cabezas

Entre el persistente martilleo de los artículos de prensa de los primeros meses de 2002 sobre abusos sexuales perpetrados por sacerdotes católicos, los lectores cuidadosos podrán percibir tres tipos de abusos diferentes.

La pedofilia, atracción erótica o sexual que una persona adulta siente hacia niños o adolescentes, es el más repulsivo de los tres. Dado que esta crisis de conducta sexual reprobable del clero y de mal gobierno por parte de los obispos llegó a la opinión pública por primera vez en enero de 2002 debido al caso de John Geoghan, un pedófilo clásico, la prensa, algunos obispos y algunos comentaristas católicos se acostumbraron a resumir la crisis bajo el titular de una «crisis de pedofilia» o «crisis de abusos sexuales a niños». Eso no es exacto.

El segundo tipo de abusos sexuales implicaba a sacerdotes que mantenían relaciones sexuales ilícitas con mujeres: algunas de ellas menores, otras no. Fue sorprendente, no obstante, que este problema, que no es ni mucho menos reciente, no tuviera ninguna relevancia entre los artículos de prensa que narraban los abusos sexuales del clero en la primera mitad de 2002.

Según los artículos de prensa, y como confirman los estudios de reputados especialistas, la forma más común de abuso sexual por parte del clero en las últimas décadas es la que implica a sacerdotes homosexuales que abusan de chicos adolescentes o jóvenes. A muchos editores, comentaristas de televisión y moderadores de tertulias radiofónicas les llevó aproximadamente dos meses y medio reconocer lo que los reporteros de la prensa escrita habían estado descubriendo durante meses: la inmensa mayoría de los casos de abusos no implicaban a niños prepúberes, sino más bien a adolescentes y jóvenes, a menudo en institutos o seminarios. Aunque las distinciones clínicas («efebofilia crónica», «homosexualidad regresiva» o «reprimida») pueden ser útiles para el estudio profesional y psicoterapéutico, el castellano corriente describe estos abusos como acoso homosexual.

El monstruo del abuso sexual del clero tiene tres cabezas. Y la cabeza más grande de las tres la forman los sacerdotes de orientación homosexual, aparentemente incapaces de vivir el celibato que habían prometido a Dios y a la Iglesia con adolescentes y hombres jóvenes que habían sido confiados a su cuidado.

Es importante reconocer que el abuso sexual a menores no es un problema particular de la Iglesia católica o especialmente presente en ella. Basándose en un estudio realizado a adultos de Estados Unidos y Canadá, un eminente psicólogo estima que aproximadamente el diecinueve por ciento de la población adulta actual fue sometida a abusos sexuales antes de llegar a los dieciocho años de edad. Los investigadores y los asistentes sociales están convencidos de que el mayor número de casos de abusos sexuales a niños y menores tiene lugar en el seno de sus propias familias, y, en consecuencia, raramente llega a denunciarse. Prácticamente toda institución importante de Estados Unidos ha hecho frente a problemas de acoso y abusos sexuales. En el 2002, poco antes de Pascua, el noticiario protestante evángelico *World* publicó el caso de tres pastores protestantes que habían tratado de excusar sus abusos sexuales a las mujeres a las que estaban tutelando (abusos que se consideran delito en veinte estados) sobre la base de que el sexo fue «consensuado». En mayo de 2002 el reverendo John Lundin, un pastor luterano que preside el Interfaith Sexual Trauma Institute, le transmitió a un periodista su inquietud por lo extendida que estaba la pornografía de Internet entre los ministros protestantes. Asociaciones de médicos, abogados, asistentes sociales, maestros y otros en las «profesiones de ayuda» han adoptado códigos de conducta sexual, signo seguro de que había problemas a los que se necesitaba hacer frente. No hay datos que apoyen la afirmación, o la sutil sugerencia de algunos periodistas y comentaristas, de que el clero en general, o los sacerdotes católicos en particular, sean especialmente proclives a perpetrar abusos sexuales. Si acaso, los datos parecen indicar que estos casos se dan menos entre el clero católico de lo que se dan en el resto de la sociedad.

Y, aun así, la combinación de abusos sexuales del clero y el mal gobierno de los obispos demuestra clara e indiscutiblemente que la Iglesia católica de Estados Unidos está en crisis.

Es una crisis porque toda conducta sexual delictiva de personas situadas en posiciones de confianza y responsabilidad con jóvenes es malvada y escandalosa.

Es una crisis porque los abusos sexuales de los sacerdotes dañan a la totalidad de la Iglesia. Han dejado cicatrices en almas jóvenes y han condenado a los que una vez fueron hombres jóvenes y confiados a llevar unas vidas miserables. Han destrozado familias, que no sólo han recibido el golpe inicial de los abusos, sino también el remate de la aparente indiferencia de algunos obispos. Un sacerdote culpable de haber cometido abusos sexuales es un hombre que ha roto la promesa que había hecho ante la Iglesia y, al hacerlo, ha dañado a toda la comunidad, como sucede con cualquier conducta sexual delictiva.

Es una crisis porque los abusos sexuales por parte del clero han dañado seriamente la reputación de la Iglesia y su capacidad para erigirse en maestra de moral en una sociedad que se enfrenta a dilemas —muchos de ellos consecuencia de la revolución biotecnológica— que tienen profundas consecuencias éticas. Aunque se trate sólo de una pequeña minoría de sacerdotes y algunos de sus obispos comienzan a actuar como los autoritarios y perversos dirigentes de *1984,* están dañando seriamente la posibilidad de que la Iglesia pueda apartar a Estados Unidos de convertirse en *Un mundo feliz.*

Es una crisis porque los abusos sexuales del clero en cualquier comunidad cristiana proyectan una larga y oscura sombra sobre todos los esfuerzos para predicar el Evangelio de Jesucristo al principio de un nuevo milenio.

Es una crisis porque parece mentira que los sacerdotes y los obispos no obrasen de otra manera, y porque la gente de la Iglesia tiene motivos para esperar que sus pastores hubieran actuado de otra forma.

La crisis tiene implicaciones psicológicas, legales e incluso políticas.

En su núcleo, sin embargo, es una crisis de fidelidad, una crisis de fe.

Una crisis de identidad de los sacerdotes

Aunque el Concilio Vaticano II trató virtualmente todos los asuntos concernientes a la vida católica en sus dieciséis documentos, incluyendo uno sobre el ministerio presbiterial y otro sobre la formación en los seminarios, la mayoría de los comentaristas, incluso muchos sacerdotes, pensaron que el concilio había pasado bastante por encima sobre la renovación del sacerdocio. El Concilio Vaticano I (1869-1870), que definió el ejercicio y los límites de la infalibilidad pontificia, había sido un concilio sobre papas. El Concilio Vaticano II, que definió a los obispos del mundo como un «colegio» con y bajo la dirección del obispo de Roma, fue, en muchos aspectos, un concilio sobre obispos. ¿Y qué hay de los sacerdotes?, se preguntaron muchos.

Según la antigua doctrina católica, confirmada por el Vaticano II, los obispos son los sucesores de los apóstoles y tienen la plenitud del sacramento del orden. Al mismo tiempo, el Vaticano II enseñó otra venerable verdad: que los ministros ordenados son «instrumentos vivos de Cristo, el sacerdote eterno». El sacerdote católico, en otras palabras, no es simplemente un funcionario religioso, un hombre autorizado a llevar a cabo cierto tipo de actividades eclesiásticas. Un sacerdote católico es un icono, una representación viva del eterno sacerdocio de Jesucristo. Hace que Cristo esté presente en la Iglesia de una forma muy particular, al actuar *in persona Christi*, «en nombre de Cristo», en el altar y al administrar los sacramentos.

En otras palabras, el sacerdocio católico no es solamente otra forma de «ministerio». La ordenación de los sacerdotes en la Iglesia católica transforma lo que un hombre es, no sólo lo que hace. De hecho, según el punto de vista católico clásico, las cosas que un sacerdote hace (las que un católico bautizado no puede hacer, como celebrar la misa o perdonar los pecados durante el sacramento de la confesión) dependen por entero de quien es por gracia de su ordenación. El viejo *Catecismo de Baltimore* trató de describir en qué consiste la ordenación diciendo que el sacramento del orden sagrado imprime una «marca imborrable» en el alma de un hombre: una vez ordenado, ese hombre es para siempre sacerdote, ya que ha sido configurado con Cristo, Sacerdote eterno, de forma irreversible. Una filosofía aún más antigua diría que un sacerdote «cambia ontológicamente» —cambia en su identidad personal más profunda— por la ordenación. Se describa como se describa el cambio, la clave para entender el sacerdocio *como lo enseña la Iglesia católica* es comprender que el sacerdocio consiste en lo que un hombre *es*, y no sólo en lo que *hace*.

Demasiados católicos de Estados Unidos, entre los que se incluyen muchos sacerdotes y obispos, parecen haber olvidado estas verdades básicas del sacerdocio durante los últimos treinta y cinco años.

Además de renovar el episcopado y el sacerdocio, el Vaticano II persiguió ansiosamente revitalizar la característica vocación de los laicos en todo el mundo. La jerga católica anterior al Vaticano II reservaba la palabra «vocación» a los sacerdotes y a los hombres y mujeres consagrados: sólo sacerdotes y monjas «tenían vocación». El Vaticano II enseñó, remontándose a una tradición más antigua, que no era así. Todo cristiano bautizado tiene «vocación», un lugar único en la obra de salvación y santificación de Dios en el mundo. La característica vocación de los laicos, continuó el Concilio, es difundir en la familia y en el mundo de los negocios, la cultura y la política las verdades de la fe cristiana.

Lo que el concilio no pudo anticipar es que el sacerdocio iba a «laicizarse», por decirlo de algún modo, y los laicos a volverse clericales mientras la primera generación de católicos posterior al concilio intentaba aplicar las enseñanzas del mismo, siguiendo un vagamente definido «espíritu Vaticano II». El estilo de vida del clero, la disciplina de los seminarios y la interacción entre sacerdotes y católicos laicos cambiaron dramáticamente en los años inmediatamente posteriores al concilio. Aunque algunos de los cambios hacía tiempo que eran necesarios y fueron bienvenidos, un efecto añadido y muy generalizado de las transformaciones fue difuminar la identidad característica del sacerdote católico. Por momentos, y en más de un aspecto, parecía que lo único que distinguía a un sacerdote era su papel en la misa, pues en lo relativo al vestido, estilo de vida, círculo social y hábitos lúdicos, era difícil «ver» esa diferencia de la vocación sacerdotal en la Iglesia.

Más aún, a mediados de los setenta prácticamente todo lo que acontecía en la Iglesia católica era descrito como una forma de «ministerio», hasta el punto de que los porteros en las iglesias eran llamados «ministros de la hospitalidad». Las ideas tienen consecuencias, y también las tienen las palabras. Si todo es un «ministerio» y todos en la Iglesia son «ministros» de algo, ¿qué distingue, si es que hay distinción, el ministerio ordenado del sacerdote? ¿Es que el hecho de que la Iglesia insista en el único «ministerio» del sacerdote ordenado desmerece de alguna forma el «ministerio» de los laicos católicos bautizados?

Estas confusiones tienen muchas ramificaciones. No es la menos importante de ellas el hecho de que con frecuencia se oiga (como sucedió a menudo durante la controversia sobre los abusos sexuales del clero) que si la Iglesia católica insiste en ser gobernada por una «jerarquía» compuesta de obispos y sacerdotes ordenados (todos hombres), se está definiendo a sí misma como un resquicio autoritario y misógino de la Edad Media. Muchos católicos de Estados Unidos se preguntaban cómo, si la Iglesia era, según acertadamente la describían los sociólogos, una «organización de voluntarios», no se podía gobernar a sí misma como lo hacían muchas otras organizaciones: por la ley de la mayoría, con la posibilidad de que todos los miembros de la organización optasen a todos los cargos.

En las tres décadas que siguieron al Vaticano II, no pocos católicos perdieron de vista, mientras experimentaban con diversas nuevas formas de liturgia, educación, activismo social y gobierno de la Iglesia, que la Iglesia católica no es una *confesión*, una institución cuya forma es generalmente decidida por la voluntad de sus miembros, sino una Iglesia, una comunidad cuyos límites y estructura básica están definidos, de una vez y para siempre, por la voluntad de Cristo. La Iglesia es el Cuerpo de Cristo, y aquellos que están ordenados para actuar *in persona Christi*, «en nombre de Cristo», ejercen el liderazgo en el Cuerpo, la Iglesia. Paradójicamente, la más que justificada ira que provocó en millones de fieles católicos, durante el escándalo de abusos sexuales del clero, el hecho de que los obispos fueran incapaces de enfrentarse de forma adecuada a la crisis demuestra lo muy enraizado que está ese «liderazgo» en la memoria católica, incluso después de décadas de confusión de papeles y funciones.

Eso, no obstante, nos lleva en dirección a una serie de temas que abordaremos más adelante.

Todos los concilios ecuménicos han venido seguidos de períodos de caos (quizá ése sea el motivo de que sólo haya habido veintiún concilios en casi dos mil años de historia del catolicismo). Durante el inevitable período de caos que siguió al Concilio Vaticano II se conjugaron dos factores: por un lado, la incapacidad del concilio para emprender adecuadamente la renovación del sacerdocio, y por otro, una comprensión incorrecta de lo que quería decir «vocación laica». La consecuencia fue, al fin y al cabo, una crisis muy seria sobre la identidad de los sacerdotes. ¿Es que los sacerdotes ordenados eran algo más que meros «ministros» de los demás? ¿Eran algo más que hombres que «dan a otros la autoridad de ejercer sus dones», según afirmaba la jerga posconciliar? Si así era, ¿para que servía el celibato? Más aún, si era así, ¿para qué servía la ordenación? Las manifestaciones más obvias de esta crisis de identidad las encontramos en el éxodo masivo que se produjo del sacerdocio en las dos décadas que siguieron al concilio (46 000 sacerdotes abandonaron su ministerio en todo el mundo, la mayor deserción de ese tipo desde la Reforma del siglo XVI) y en Estados Unidos se produjo una caída en picado de las matriculaciones en seminarios tras el fin del concilio en diciembre de 1965.

El papa Juan Pablo II ha dedicado, desde los inicios de su pontificado, considerables esfuerzos para intentar resolver esta crisis. Cada Jueves Santo, cuando la Iglesia católica conmemora tradicionalmente la institución por Cristo en la Última Cena del sacramento de la orden sacerdotal, el papa escribe una carta a todos los sacerdotes del mundo, hablándoles de una u otra faceta de su particular vocación. Juan Pablo II frecuentemente se refería a la crisis de identidad de los sacerdotes y a la necesidad de reformar el sacerdocio en las discusiones que mantenía con, o en los discursos que dirigía a, los obispos que llegaban a Roma (como todo obispo está obligado a hacer) para sus reuniones quinquenales con el papa y la curia romana. En 1990 el Sínodo de Obispos pasó un mes debatiendo sobre la reforma de los seminarios y de la formación de los sacerdotes. Dos años más tarde, el 25 de marzo de 1992, Juan Pablo II completó el trabajo del sínodo con la exhortación apostólica *Pastores Dabo Vobis* (*Os daré pastores*). Probablemente *Pastores Dabo Vobis* sea el documento más largo jamás emitido por el papado en toda la historia, y en él Juan Pablo II explora con detalle la crisis de identidad de los sacerdotes, la renovación de la vida sacerdotal y la reforma de los seminarios. El ideal heroico que el papa tiene del sacerdocio, del cual su propia vida es un buen ejemplo, es como un imán que atrae a los jóvenes a llevar similares vidas de heroica virtud dentro del sacerdocio.

Los esfuerzos de Juan Pablo II no fueron en vano. El resultado es hoy evidente en algunos seminarios, entre los sacerdotes jóvenes formados según el ideal de Juan Pablo II y entre los sacerdotes mayores que encontraron que su particular vocación cobraba nuevos bríos con las enseñanzas y el ejemplo del papa. Pero en las dos décadas que siguieron al Vaticano II se había infligido un tremendo daño a la identidad del sacerdote. El daño se ponía de manifiesto en los que colgaban los hábitos, en la relajación de la disciplina clerical y en seminarios que no lograban formar a los jóvenes en la castidad, y mucho menos en el celibato. La crisis de abusos sexuales del clero puso de manifiesto ese daño ante la opinión pública de forma dolorosa e inequívoca.

Los sacerdotes que realmente creen ser lo que la Iglesia católica les enseña que son —imágenes vivientes del eterno sacerdocio de Jesucristo— simplemente no se comportan del mismo modo en que lo hacen los depredadores sexuales. Hemos pagado un precio muy alto por la crisis de identidad de los sacerdotes y la relajación de la disciplina clerical que la acompañó.

Una crisis de liderazgo episcopal

Nadie sabe con exactitud cuán extendido está el abuso sexual entre los sacerdotes católicos. Estimaciones plausibles, que extrapolan un resultado a partir de estudios llevados a cabo en las archidiócesis más grandes, sitúan el porcentaje de sacerdotes culpables de abusos sexuales entre un 1,6 y un 2 por ciento de todo el clero (aunque un sacerdote puede, por supuesto, tener varias víctimas). Estas cifras ponen en evidencia que los sacerdotes católicos están en la media o por debajo de la media nacional en lo que se refiere a cometer delitos de abuso sexual. En tal caso, ¿por qué las noticias de abusos sexuales por parte del clero que vieron la luz durante los primeros meses de 2002 causaron un torbellino de ira no sólo entre los críticos habituales de la Iglesia sino también entre los propios católicos?

A pesar de la ceremonia de confusión de las últimas décadas, los católicos de Estados Unidos aún valoran al clero. Cualquier tipo de abuso sexual es despreciable, pero los adultos saben que el abuso sexual está muy extendido en nuestra sociedad. Los católicos, de todas formas, aciertan cuando exigen a sus sacerdotes unos estándares de conducta superiores a la media. Pero aún queda el dato de que muchas de las acusaciones implicaban el abuso a menores. Aunque toda forma de abuso sexual es odiosa, el abuso a menores y niños es particularmente detestable.

Sin embargo, los católicos han reservado su ira más profunda para los obispos, que parecen haber hecho poco o nada para resolver el problema de abusos sexuales del clero; los obispos que han dedicado la mayor parte de sus esfuerzos a ocultar esos problemas a la opinión pública, y que han hecho, evidentemente, demasiado poco para curar las heridas personales y familiares causadas por sacerdotes inconscientes e irresponsables. Si hubiera habido un liderazgo fuerte, o al menos adecuado, por parte de los obispos, dispuesto a enfrentarse a los hechos y a emprender reformas sustanciales, la crisis de abusos sexuales del clero no tendría por qué haberse convertido en la crisis más profunda de la historia de la Iglesia católica en Estados Unidos. Si ha sucedido así, ha sido por la incapacidad de los obispos para ejercer ese liderazgo.

Cómo se llegó a producir este fracaso será un tema que discutiremos más adelante. Lo fundamental ahora es que esta incapacidad para guiar, igual que los problemas de los depredadores sexuales del clero, es también resultado de una crisis de identidad: en este caso, una crisis de identidad de los obispos locales.

Los especialistas en el mundo antiguo no han encontrado un equivalente al «obispo» cristiano entre los arquetipos de líder de la antigüedad. Cuando aparecieron por primera vez, en los primeros siglos de la historia del cristianismo, los obispos eran al mismo tiempo maestros de gran autoridad, personas sagradas que hacían posible el culto de la Iglesia y gobernadores que mandaban por la autoridad de Cristo. El obispo católico hoy en día también debe enseñar, santificar y gobernar la Iglesia local que se ha confiado a su cuidado. Es una responsabilidad enorme, pues el obispo debe responder ante Cristo, el Buen Pastor, sobre el bienestar del rebaño que le ha sido confiado.

El Concilio Vaticano II insistió en este punto, dejando claro que el obispo local, en comunión con el obispo de Roma, el sucesor de Pedro, goza de autoridad real: no es solamente un delegado local que ejecuta órdenes que vienen desde la cúspide de la jerarquía. Pero muchos obispos católicos actuales han adoptado una visión empresarial de su responsabilidad. Algunos creen que su principal deber es «mantener a todo el mundo en marcha» en unos tiempos de confusión y caos en la Iglesia. Demasiados obispos estadounidenses se ven a sí mismos como hombres cuya labor es principalmente administrativa y burocrática más que evangélica o pastoral y catequética. Es extraño encontrar un obispo en Estados Unidos que dedique siquiera una fracción del tiempo que se pasa ejerciendo de directivo a estudiar, escribir, predicar o enseñar. Nadie duda de que un obispo, cuyas responsabilidades incluyen el dirigir una organización sin ánimo de lucro que maneja millones de dólares, debe atender a deberes administrativos muy serios. Pero cuando esa «dirección» se interpreta como hacer de moderador de grupos de discusión o cuando la gestión es para el obispo más prioritario que el enseñar y el santificar, es que algo marcha muy mal. Los resultados de ese malentendido, en lo que respecta a la comprensión de lo que es la Iglesia y en lo que atañe al liderazgo episcopal, han quedado ahora dolorosamente patentes.

Los errores de dirección de los obispos han convertido un problema grave y urgente de abusos sexuales en una crisis a gran escala que abarca los tres pilares de la labor episcopal: enseñar, gobernar y santificar. Demasiados obispos han fallado de forma clamorosa al no recordar a su gente algunas verdades esenciales del sacerdocio católico y sobre la relación del sacerdocio con el celibato. Demasiados obispos han errado al no conseguir actuar de forma rápida y decisiva para asegurarse de que los depredadores sexuales no volvieran a suponer nunca un peligro para la Iglesia. Demasiados obispos se han equivocado al no actuar como pastores para las víctimas de los abusos sexuales del clero y al no convertirse en agentes de arrepentimiento y reconciliación en sus iglesias locales.

En pocas palabras: demasiados obispos han reaccionado como empresarios y no como apóstoles ante los múltiples problemas que se les presentaban por la disolución de la disciplina clerical y el subsiguiente estallido de abusos sexuales.

Ésta es una de las principales razones por las que los católicos se sentían ultrajados durante la primera mitad de 2002. Y he aquí por qué problemas muy serios crecieron todavía más hasta convertirse en una crisis.

Una crisis de seguimiento de Cristo

La crisis es también, y de manera fundamental, una crisis de seguimiento de Cristo.

Puesto que todo cristiano recibe un bautismo «en Cristo», todo cristiano tiene la responsabilidad vocacional de hacer a Cristo presente en el mundo. Aunque esa responsabilidad se vive de muchas maneras distintas, toda vocación cristiana comienza con el bautismo y con el compromiso bautismal de que la vida de cada uno sea conforme a Cristo.

Los sacerdotes que se han convertido en depredadores sexuales actúan de manera malvada debido a un concepto erróneo del sacerdocio y a una formación sacerdotal incorrecta. Yendo a la raíz fundamental del problema, los abusos sexuales del clero son el resultado de una conversión inadecuada a Cristo. La gente que de verdad está viviendo una nueva vida en Cristo no manipula a los demás como objetos sexuales. Antes que sacerdote católico, un hombre es un discípulo de Cristo. Si su seguimiento de Cristo es radicalmente deficiente, su sacerdocio también estará distorsionado.

Los obispos que no saben liderar de forma efectiva son, en muchos casos, hombres que no han aprendido correctamente lo que significa el episcopado. De forma esencial, los obispos que no logran enseñar, santificar y gobernar, que no logran hacer patente en su ministerio la presencia viva de la Iglesia de Cristo, el Buen Pastor, son hombres que se han convertido a Cristo de una forma incompleta.

Todo cristiano está llamado a ser santo. Más aún, todo cristiano debe convertirse en un santo si es que quiere disfrutar de la vida eterna junto a Dios. Se necesita ser una clase muy especial de persona para vivir con Dios para siempre, hay que ser un santo. Cuando la Iglesia reconoce a alguien públicamente como «santo», está dando fe de que, en este mundo, un hombre o una mujer ha consagrado su vida a Cristo de forma tan completa que esta vida de «virtudes heroicas» (según el lenguaje empleado en la canonización) se continuará en el cielo, en gozosa comunión con la luz y el amor de Dios.

Todo cristiano yerra en el camino a la santidad. Algunos de nosotros fallamos a menudo, y muchos de nosotros fallamos estrepitosamente. En cada caso, el fallo lo es del seguimiento de Cristo. Los hombres y mujeres que han encontrado de verdad al Cristo Resucitado en la transfiguradora experiencia de la conversión (una experiencia que puede llevar toda una vida) viven un tipo de vida diferente: llevan la vida de un discípulo. Nadie espera que los obispos y los sacerdotes sean perfectos. Como cualquier otro cristiano, deben enfrentarse al «misterio del mal» que trabaja en el mundo, como el papa Juan Pablo II recordó a los sacerdotes en su carta del Jueves Santo de 2002. Al enfrentarse al mal, los sacerdotes y los obispos vacilarán y caerán. Por eso mismo, todo sacerdote y obispo debería tener un confesor y un director espiritual.

No obstante, reconocer que los sacerdotes y obispos son «recipientes de barro» (2.ª Corintios, 4, 7) a quienes han sido encomendados los tesoros sacramentales de Cristo no pone fin al problema. De hecho, sólo es el principio. Todos podemos, y debemos, esperar que los hombres se hayan convertido a Cristo adecuadamente antes de que la Iglesia los llame para ser sacerdotes u obispos. Todos podemos y debemos esperar que los sacerdotes y los obispos hayan entregado sus vidas a Cristo de forma fundamental, irrevocable y transfiguradora, y que hayan puesto en Él todas sus esperanzas. Y todos podemos y debemos esperar que nadie será llamado al sacerdocio ni al episcopado si no está dispuesto a dar fe pública de ese compromiso con Cristo, en todo momento, sin importar cuáles sean las dificultades.

Al dar testimonio de esa forma, sin importarles el coste, el sacerdote y el obispo elevan y ennoblecen las vocaciones de todos los demás miembros de la Iglesia. Esto no es «clericalismo»; ésta es la verdad que ha forjado el sacerdocio y el episcopado desde los tiempos del Nuevo Testamento; es la verdad que debe guiar las reformas que ahora son extremadamente necesarias debido a la doble crisis de abusos sexuales y falta de liderazgo episcopal.

Ésta es una crisis de seguimiento de Cristo. La respuesta a esta crisis es una mayor fidelidad.

Por parte de todos.

CAPÍTULO DOS
En qué no consiste la crisis

Recomponer lo que se ha roto en la Iglesia católica norteamericana requiere un entendimiento claro de lo que la crisis actual *no* es, tanto como la clara comprensión de lo que *sí* es.

En la primera mitad de 2002, al irrumpir la crisis ante la opinión pública, se propagaron numerosos malentendidos en la información y los comentarios sobre lo que sucedía y también en el subsiguiente debate público. Algunos de los malentendidos fueron debidos a la falta de datos fiables sobre los abusos sexuales de los sacerdotes. Otros se debieron a la poca minuciosidad de los periodistas. Otros fueron el resultado de la tendencia que tiene el público norteamericano desde hace treinta años a ver cualquier escándalo institucional bajo el prisma de un escándalo político estilo Watergate, con todo su vocabulario de «conspiración», «encubrimiento», «control de la crisis», «mentira», y demás. Y, por último, algunos de los malentendidos fueron causados por activistas que usaron desvergonzadamente la crisis para conseguir avanzar en sus propios planes, una práctica que un agudo observador describió como un «subirse al tren» ideológico.

¿Cuáles fueron esos malentendidos?

Se dijo, por ejemplo, que la crisis era una crisis de celibato. Pero no lo era.

Se dijo que la crisis se debía a las estructuras «autoritarias» de la Iglesia católica. Pero la estructura de la Iglesia católica no es «autoritaria».

Algunos activistas lanzaron la acusación de que la crisis surgía del fracaso al no «cumplir plenamente lo dispuesto en el Vaticano II» para convertir de facto al catolicismo en otra confesión liberal protestante. Pero no está nada claro cómo eso hubiera ayudado a prevenir esta doble crisis de abusos sexuales del clero y errores de liderazgo en los obispos, sobre todo porque las confesiones liberales protestantes tienen también sus propios y graves problemas de abusos sexuales.

En particular durante los primeros meses, la crisis se describió como una crisis de pedofilia o de abusos sexuales a niños. Los datos disponibles, sin embargo, sugieren que los pedófilos clásicos son tan poco habituales entre los sacerdotes católicos como entre la población general, y que la forma de abuso sexual primordial entre el clero católico en las últimas décadas ha sido la agresión sexual a adolescentes y jóvenes.

Se sugirió con frecuencia, si es que no se decía abiertamente, que los abusos sexuales por parte de sacerdotes continuaban y estaban muy extendidos, aunque no hay datos fiables que apoyen esta acusación.

Los católicos tradicionalistas, algunos hombres de Iglesia norteamericanos y un número significativo de funcionarios romanos, denunciaron que esta crisis había sido creada por los medios de comunicación, una «jauría de lobos», según lo expresó un cardenal estadounidense. Pero incluso una jauría de lobos requiere algo a lo que perseguir.

Los disidentes católicos proclamaron rotunda y frecuentemente que la crisis era el producto de la inhumana y represiva ética sexual de la Iglesia católica. Pero la opinión contraria (que la crisis de abusos sexuales del clero era un subproducto desagradable de la disolución de la moral sexual en nuestra sociedad) era una hipótesis al menos igual de plausible, puesto que los depredadores sexuales del clero habían cometido actos que la Iglesia católica condena tajantemente.

Un breve examen de cada uno de estos malentendidos nos ayudará a aclarar en qué consiste y en qué no consiste la crisis.

Celibato

A un nivel básico, empírico, el decir que la crisis fue causada por el celibato no tiene sentido, pues la crisis evidentemente fue provocada no por los fieles al celibato, sino por hombres que no habían logrado mantener la promesa de celibato que habían hecho. Culpar al celibato de la crisis de abusos sexuales es como culpar al matrimonio del adulterio, o culpar al Juramento de Ciudadanía de los casos de traición a Estados Unidos. La acusación no supera un mero análisis sintáctico.

No obstante, la ceremonia de confusión fue, en este frente, mucho más allá de lo empírico.

No es fácil comprender, y mucho menos apreciar, un compromiso de por vida con la castidad célibe en una sociedad que contempla el sexo como uno más de los deportes de contacto: una cultura de «expresión personal» en la cual el placer sexual es «bueno» y el conseguir el dominio sobre los propios deseos sexuales, se denomina con frecuencia «represión». Visto a través del prisma de la revolución sexual, el celibato es como mínimo peculiar y, a lo peor, patológico. Así pues, rápidamente se estableció la conexión entre la práctica del celibato entre los sacerdotes católicos y la crisis de abusos sexuales. Los célibes, se sugirió, son especialmente propensos a la depredación sexual porque tienen un desajuste psicológico y requieren algún tipo de escape, por perverso que sea, para sus tensiones sexuales.

La realidad simplemente no apoya estas afirmaciones. Los

célibes no abundan en el registro nacional de delincuentes sexuales. El abuso o el acoso sexual habitualmente son perpetrados por hombres casados. Es difícil que el matrimonio baste para contener a un hombre dado a la obsesión sexual. Las afirmaciones paralelas de que el celibato es el principal problema en la crisis de abusos sexuales y que un clero casado sería menos propenso al abuso sexual también desmerecen el matrimonio. Implican que el matrimonio es un método de prevención del crimen, no un convenio de mutuo amor y generosidad.

Enfrentarse al concepto católico del celibato requiere reconocer que el catolicismo, como todas las demás grandes tradiciones religiosas, no es simplemente un negocio. Se necesita un esfuerzo serio para comprender cómo se autodefine la Iglesia católica y para ver cómo encajan las diferentes piezas del mosaico. Ese tipo de esfuerzo es especialmente importante cuando tratamos de una práctica católica actualmente tan contracultural como el celibato. Pero, a menos que se realice ese esfuerzo, los terribles simplificadores ganarán la batalla y tanto la historia como la teología quedarán distorsionadas por el camino. Y eso es lo que ha sucedido aquí.

Se dijo a menudo durante el estallido de la crisis que el celibato es meramente una «disciplina» tras la que no había ninguna conexión esencial con el sacerdocio. Más aún, se escuchaba habitualmente que el celibato obligatorio había sido una institución relativamente reciente en la Iglesia católica. La obligación que había sido instaurada por la Iglesia en el siglo XII podía ser variada por la Iglesia en el siglo XXI para retornar a la más antigua costumbre de los sacerdotes casados.

Ni a la teología ni a la historia se les hace justicia con estas afirmaciones. La cuestión es mucho más compleja y, en consecuencia, mucho más interesante.

En la *Epístola a los efesios*, san Pablo describe la relación de Cristo, el sumo sacerdote eterno, con su Iglesia como la relación de un esposo con su esposa querida: Cristo el redentor se ofrece a su esposa libremente, sin reservas, fielmente y hasta la muerte. Si un sacerdote católico no es un burócrata religioso que cumple ciertas tareas de la Iglesia sino más bien un icono (una imagen viviente) del eterno sacerdocio de Jesucristo, entonces la relación del sacerdote con su esposa, la Iglesia, debería ser como la de Cristo: el sacerdote debe ofrecerse a la Iglesia libremente, sin reservas, fielmente y hasta la muerte. Y además debe *vérsele* haciéndolo. Su compromiso con su esposa debe ser visible en su modo de vida tanto como en su corazón y en su alma.

Es por ello que la Iglesia católica le confiere un valor tan alto al celibato. El amor casto y célibe por la Iglesia es otro «icono», otra señal, de la presencia de Cristo entre su gente. El Cristo al que el sacerdote hace presente a través de su ministerio sacramental en el altar y en el confesonario está actuando no simplemente en nombre de Cristo, sino en la *persona* de Cristo. Según la antigua tradición católica, es «otro Cristo», un *alter Christus*, cuya completa ofrenda de sí mismo a la Iglesia es parte integral de su sacerdocio. El celibato, pues, no es algo ajeno al sacerdocio católico, un mero tema de disciplina eclesiástica, sino que hay una relación íntima, personal e icónica entre el celibato y el sacerdocio. La historia del celibato sacerdotal demuestra este punto. Los estudios históricos más recientes demuestran que, cuando el Concilio Lateranense II hizo el celibato legalmente obligatorio para la Iglesia occidental en 1129, su decisión fue el punto culminante de un largo período de desarrollo y ratificación de lo que venía siendo entendido desde hacía muchísimo tiempo como la norma para los sacerdotes. El Concilio Lateranense II no trataba de enfrentarse primordialmente a un tema de propiedades y herencias medievales. Una ley, tanto civil como eclesiástica, es a menudo el último paso en la cristalización de las convicciones de una comunidad sobre el tema. Según los historiadores contemporáneos, eso fue lo que sucedió con la legislación sobre el celibato del Concilio Lateranense II en 1129. La ley de celibato clerical adoptada en el siglo XII le dio forma legal a una práctica que había sido fomentada y defendida como una faceta importante de la vida sacerdotal durante siglos. La práctica del celibato clerical se remonta, de hecho, hasta los orígenes de la Iglesia. No fue una invención de la Edad Media.

Sí, la Iglesia occidental ordenó a hombres casados para el sacerdocio durante el primer milenio, así como los católicos de rito oriental y la Iglesia ortodoxa siguen ordenando a hombres casados hoy en día. Al mismo tiempo, no obstante, durante el primer milenio la Iglesia occidental exigió que esos hombres casados, con el permiso de sus esposas, se abstuvieran de «usar los derechos del matrimonio» después de la ordenación, para así expresar a través de la contención la imagen de la relación única del sacerdote con su esposa, la Iglesia. Cuando la historia se ve de esta manera, las cosas parecen distintas. No es que la Iglesia occidental se saliera por la tangente haciendo el celibato obligatorio en el siglo XII; fueron las iglesias orientales las que siguieron ordenando a hombres casados sin promesa de abstinencia sexual y se apartaron así de la trayectoria de desarrollo principal (una afirmación reforzada por el hecho de que las iglesias orientales sólo ordenan a célibes para la plenitud del sacerdocio, el episcopado). Eso, al menos, es lo que sugieren los historiadores actuales.

Una cuestión histórica y teológica tan compleja como ésta no puede zanjarse con facilidad. El hecho de que hay en la Iglesia católica sacerdotes fieles y efectivamente casados (sean sacerdotes de rito oriental o conversos del anglicanismo o el luteranismo) debe a ciencia cierta ser parte de cualquier discusión sobre el sacerdocio y el celibato hoy en día. De todas formas, lo que cualquier observador serio puede apreciar es que el celibato es para la Iglesia católica algo esencialmente positivo, no negativo. Es la encarnación, a través de un modo de vida de sacrificio, de la completa entrega de sí mismo que hace Cristo a la Iglesia. El celibato nos dice a favor de lo que está un hombre, no en contra de qué está.

El célibe, que libremente escoge no hacer algo muy positivo (casarse), también ennoblece el matrimonio. El sacrificio de un bien nos recuerda a todos su valor. Entender el celibato que se emprende «por el Reino» como una reprobación del matrimonio y del amor sexual es entender mal el celibato, el matrimonio, el amor sexual y el Reino de Dios.

¿Una Iglesia «autoritaria»?

Tanto los comentaristas seculares como los disidentes católicos culparon de la crisis de abusos sexuales y liderazgo episcopal a las «autoritarias» estructuras de la Iglesia católica. El problema con este argumento es que la Iglesia católica no es una institución autoritaria, ni tampoco lo son sus líderes.

Una persona autoritaria es alguien que obliga a otro a hacer algo sólo por ejercer la primacía de su voluntad: haz eso porque *yo* lo digo. Alguien autoritario no da razones para justificar sus órdenes o encargos. De forma similar, los súbditos de un gobernante autoritario no tienen voz ni voto sobre lo que se les ordena hacer. En definitiva, en un régimen genuinamente autoritario no hay «súbditos», sino sólo «objetos» que pueden ser manipulados a voluntad por el gobernante.

No es ésa la manera como funciona la Iglesia católica.

La Iglesia católica cree que tiene una forma o estructura que le fue dada por Cristo. Esa estructura está compuesta en parte de verdades: sobre Dios, sobre los seres humanos, verdades sobre nuestra relación con Dios y sobre la relación de Dios con nosotros. Las autoridades pastorales de la Iglesia, el colegio de obispos con y bajo la dirección del obispo de Roma, son los custodios de esta tradición *autorizada*, que une a la Iglesia, incluyendo a los papas y a los obispos, a través de los siglos. Los papas y los obispos no se van inventando las cosas sobre la marcha. La doctrina no es un tema que dependa del capricho papal o episcopal. Los papas y los obispos son los servidores, no los amos, de la tradición —de las verdades— que hace de la Iglesia lo que es. Así pues, el papa y los obispos son *maestros autorizados*, no déspotas autoritarios.

Más aún, la Iglesia católica cree que las verdades que le han sido dadas por Cristo nos liberan y nos vinculan. Aceptar las enseñanzas de la Iglesia como autorizadas y obligatorias es sólo una restricción a mi libertad, si yo imagino mi libertad como el ejercicio sin límites de mi imaginación y mi voluntad (e incluso, en tal caso, me habré encadenado a mis propios deseos). Si la libertad tiene algo que ver con aprender a escoger lo que es genuinamente bueno, para mí y para los demás, entonces la verdad sobre lo que es bueno para mí y para los demás no es una restricción; es un medio de liberación. Lo contrario de «autoritaria» no es «autónoma» o «caprichosa». Lo contrario de «autoritaria» es «autorizada».

La crisis católica que emergió ante la opinión pública a principios de 2002 tiene, de hecho, mucho que ver con el modo en que la autoridad se ejerce (y no se ejerce) en la Iglesia. Ciertamente tiene mucho que ver con los abismales errores de muchos de los líderes pastorales de la Iglesia, sus obispos, al no ejercer la autoridad que les corresponde. La crisis también tiene que plantear la cuestión de si el modo como los obispos de Estados Unidos han funcionado corporativamente durante las últimas décadas ha impedido que desarrollen su capacidad individual para ser maestros autorizados y verdaderas cabezas de sus iglesias locales. Éstas son cuestiones que abordaremos más adelante.

Pero la crisis no tuvo nada que ver con la creencia de la Iglesia católica respecto a que su forma y estructura proceden de una tradición autorizada. Si acaso, sucede exactamente todo lo contrario. La crisis vino en gran parte por confusiones y ambigüedades sobre las verdades que hacen a la Iglesia lo que es, confusiones y ambigüedades que estaban demasiado presentes entre los sacerdotes y los obispos de la Iglesia.

¿Fracaso al aplicar el Concilio Vaticano II?

Casi cuatro décadas después de que el Concilio Vaticano II concluyó su épico trabajo, un grupo de disidentes católicos cada vez más envejecido, más estéril intelectualmente y menos numeroso, continúa insistiendo en que todos los problemas que la Iglesia católica tiene han sido causados por el fracaso de no conseguir llevar a la práctica ni las enseñanzas ni el espíritu del concilio. Habitualmente se cifra este fracaso en la necesidad de «democratizar» la Iglesia o de «compartir la autoridad». En lo que los disidentes equivocadamente imaginan como una reforma, el «poder» se da típicamente a intelectuales y activistas.

A todos estos que llevan más de treinta años repitiendo el mantra de la democratización y de la necesidad de compartir la autoridad debe de parecerles una minucia sin importancia que el Vaticano II reafirmase solemnemente la autoridad suprema del papa como pastor principal de la Iglesia o que el concilio enseñase que los obispos locales, en comunión con el obispo de Roma, disfrutaban de una autoridad eclesial absoluta. El vocabulario de dar «poder» y «compartirlo» también evade la completa y compleja verdad de las enseñanzas del concilio sobre el sacerdocio de todos los bautizados y el de los ministros ordenados de la Iglesia. El concilio afirmó la antigua verdad de que todos los bautizados toman parte en el sacerdocio de Cristo y ejercen ese sacerdocio común en la oración, pero no es menos cierto que el concilio también confirmó el carácter único del sacerdocio ordenado y lo definió como diferente en clase, y no sólo en grado, del carácter sacerdotal de los laicos. Los disidentes raramente mencionan, si es que lo hacen alguna vez, la doctrina del concilio que afirma que el celibato tiene una relación fundamental con el sacerdocio. Para aquellos convencidos de que el «espíritu del Vaticano II» requiere que la Iglesia católica se convierta en otra «confesión» estadounidense y adopte los mismos puntos de vista que éstas respecto a la manera de abordar la doctrina y las estructuras de mando y responsabilidad, lo que el Vaticano II realmente nos enseñó parece tener muy poca importancia.

Los dieciséis documentos del Vaticano II pueden, por supuesto, ser interpretados de diversa forma dentro de los límites de la ortodoxia católica. La historia del concilio, sus intenciones y las tensiones que hubo durante su celebración, apenas se está comenzando a escribir. La Iglesia católica seguirá debatiendo el significado del Concilio Vaticano II durante décadas, quizá siglos. Eso es perfectamente comprensible y perfectamente aceptable. Siempre se tarda décadas, o incluso siglos, en digerir los concilios ecuménicos.

Lo que no es ni comprensible ni aceptable es la sugerencia de los disidentes respecto a que el catolicismo debería seguir el mismo camino autodestructivo que han elegido las confesiones protestantes liberales, que llevan décadas perdiendo fieles. Las comunidades cristianas que se deconstruyen a sí mismas en lo doctrinal y lo moral vienen fracasando lamentablemente desde la segunda guerra mundial, hasta el punto en que el protestantismo liberal será una mera fracción del protestantismo cristiano mundial a mediados del siglo XXI. Si, como sugirió el poeta Robert Frost, las buenas vallas hacen buenos vecinos, las fronteras morales y doctrinales muy claras parecen crear comunidades cristianas vibrantes. La respuesta a la doble crisis de abusos sexuales y liderazgo inepto de los obispos no se hallará haciendo las fronteras del catolicismo tan permeables que nadie tenga claro qué es aceptable y qué no lo es. Al contrario, es precisamente esa permeabilidad la que ha contribuido a crear la crisis actual.

La crisis tiene mucho que ver con el llevar a cabo los dictados del Vaticano II y con el fracaso de los líderes de la Iglesia respecto a ese objetivo. Pero lo que los disidentes califican como aplicar el Vaticano II se parece más a una auténtica demolición del catolicismo.

¿Una «crisis de pedofilia»?

El abuso sexual de niños es el aspecto más desagradable del problema de abusos sexuales del clero, así como la incapacidad de los obispos para enfrentarse de forma efectiva con este estrato de la crisis es uno de los aspectos más incomprensibles del fracaso del liderazgo de los obispos. Dado que la archidiócesis de Boston era el epicentro de la atención mediática en la crisis, y puesto que dos sacerdotes de Boston, John Geoghan y Paul Shanley, abusaron sexualmente de niños (una práctica que Shanley defendió en la North American Man-Boy Love Association, uno de cuyos lemas es «a los ocho años es demasiado tarde»), la crisis pronto recibió la etiqueta de ser una «crisis de pedofilia» o una «crisis de abusos sexuales a niños». Vistos los casos de Geoghan y Shanley, es comprensible. Pero conforme iban viendo la luz más evidencias de la extensión de la crisis de abusos sexuales del clero fue quedando claro que esas definiciones eran inadecuadas.

Los sacerdotes pedófilos, en el sentido clásico de hombres que abusan de niños que no han llegado a la pubertad, no constituyen la mayoría de los sacerdotes que cometen abusos sexuales. De hecho, son una pequeña minoría de sacerdotes malhechores, aunque posiblemente se trate de la más despreciable clase de depredadores sexuales del clero. Que el titular de «crisis de pedofilia» siguiera utilizándose por el *Washington Post*, por la Agencia Reuters y por otros medios de comunicación meses después de que incluso activistas gay reconocieron que la inmensa mayoría de los abusos sexuales denunciados implicaban a hombres homosexuales que abusaban o molestaban a adolescentes o a hombres jóvenes, sugiere que la calificación de «crisis de pedofilia» servía a propósitos distintos de la mera fidelidad a los hechos. Si nos propusiéramos describir con precisión la crisis de abusos sexuales como una crisis cuya principal manifestación eran los abusos homosexuales, se podrían formular otro tipo de preguntas sobre la cultura gay. Y eso precisamente era lo que algunos no deseaban que sucediese, entre los que se incluyen los teólogos disidentes de la moral católica.

Una prueba muy sencilla sirve de indicador infalible de si una persona o institución es capaz de entender la crisis actual y está dispuesta a ir a sus verdaderas causas. No importa si la persona es o no católica, obispo, sacerdote o laica; no importa si la institución es un periódico, una revista, un programa de televisión o una tertulia de radio. La prueba es la siguiente: ¿describe esa persona e institución adecuadamente la demografía de la crisis de abusos sexuales del clero, evitando la etiqueta de «crisis de pedofilia»? Si no es así, es que hay otros intereses en juego.

¿Una crisis creada por los medios de comunicación?

Mientras la crisis se desarrollaba en la primera mitad del año 2002, algunos altos cargos del Vaticano, unos cuantos eclesiásticos norteamericanos y algunos activistas católicos de sesgo muy tradicional sugirieron que el problema de abusos sexuales, aunque real y grave, había sido convertido en una crisis pública por las exageraciones de los medios norteamericanos. Algunos de estos críticos incluso llegaron a sugerir que la prensa simplemente era adicta al escándalo institucional estilo Watergate, y que había apartado de su punto de mira el desgastado caso de Enron para apuntar sus armas hacia la Iglesia católica. Otros fueron incluso más lejos, declarando que la prensa había decidido derribar la única institución estadounidense que se había negado a rendirse a lo políticamente correcto en cuestiones como el aborto, la eutanasia, la clonación, la investigación con células madre y el matrimonio homosexual. Esta acusación se oía a menudo en relación con el *Boston Globe*, que durante años había publicado a un amplio abanico de columnistas anticatólicos (algunos de ellos, como el veterano disidente católico James Carroll, ex sacerdotes). Cuando el *Globe* destapó las historias de Geoghan y Shanley y las continuó con un editorial pidiendo la dimisión del arzobispo de Boston, el cardenal Bernard F. Law, un buen número de católicos (entre los que se incluían algunos que habían sido muy críticos con la manera en que el cardenal Law había llevado la crisis) no tuvieron dificultad en unir los puntos entre la actitud del *Globe* hacia la Iglesia en los últimos veinte años y la actual posición del periódico en esa crisis. En las páginas del *New York Times* sólo había lugar para los más despiadados ataques contra la doctrina y la práctica católicas, formulados tanto por disidentes católicos como por la plantilla habitual de columnistas libertinos del *Times*.

Los reporteros, columnistas y editores serios admiten que hubo problemas en la cobertura de la crisis en la primera mitad de 2002. La prensa, al principio, fomentó la percepción de que el pedófilo John Geoghan era un caso típico de depredador sexual del clero, cuando, de hecho, no sólo era atípico entre los sacerdotes, sino también entre los delincuentes sexuales que habían sido sometidos a largas terapias. Esto, a su vez, permitió que se extendiese la errónea impresión de que la crisis de abusos sexuales del clero era un fenómeno que seguía produciéndose en ese mismo instante, que era de una magnitud sin precedentes y que estaba fuera de control, cuando, en realidad, salieron a la luz poquísimos casos de abusos que hubieran sido cometidos en la década de los noventa. La prensa en general, además, pasó completamente por alto todas la reformas en el reclutamiento para los seminarios y en la enseñanza allí impartida, así como las reformas en las políticas de personal de las diócesis, que a la luz de los pocos casos aparecidos en los últimos diez años parecen haber funcionado para prevenir los abusos sexuales. Al mismo tiempo, la cobertura que se le dio a Geoghan y a los esfuerzos de la archidiócesis de Boston para llegar a acuerdos extrajudiciales privados con sus víctimas alimentó una atmósfera de pánico entre los católicos sobre la «seguridad de los niños».

Los reporteros y los columnistas también exageraron la incidencia de los abusos sexuales en el clero, multiplicando por tres o por cuatro la cifra de entre 1,5 y 2 por ciento que es aceptada por los expertos. Como hemos visto anteriormente, la prensa reconoció tarde y con muchos reparos la verdad que se desprendía de sus propias noticias: que la crisis de abusos sexuales del clero consistía básicamente en abusos homosexuales a adolescentes y hombres jóvenes. Así, por ejemplo, está el caso de un reportero de un periódico importante de difusión nacional que durante dos semanas de abril trató repetidas veces, siempre sin éxito, de que sus editores aceptaran la siguiente frase en sus artículos: «Aquellos que sacan a colación el tema de la homosexualidad en relación con el escándalo subrayan que en muy pocos casos la víctima de los abusos ha sido una mujer.» Cuando se hizo inevitable enfrentarse a los hechos, el péndulo osciló completamente hacia el otro lado, y los periodistas comenzaron a citar alegremente las exageradas estadísticas difundidas por el padre Donald Cozzens, ex rector del seminario de Cleveland, que declaraba que entre un treinta y un cincuenta por ciento del clero era homosexual. (Philip Jenkins, de la Pennsylvania State University, es el sociólogo más serio que se ha dedicado a estudiar estas cuestiones. Jenkins afirma que entre los sacerdotes de Estados Unidos se encuentran «hombres con inclinaciones homosexuales» en un porcentaje sustancialmente mayor que entre la población general masculina del país, pero ni de lejos en los porcentajes ofrecidos por el padre Cozzens.)

Nadie puede culpabilizar a los periodistas por haber ido a buscar la opinión que los disidentes católicos tenían sobre la crisis, puesto que también ellos son parte de la historia. Pero, aun así, los reporteros raramente sondearon la posibilidad de que la crisis hundiera sus raíces precisamente en esa cultura de la disidencia. Tampoco investigaron si había contribuido a la crisis la afición de obispos y seminarios con las teorías de los psiquiatras y los psicólogos. Algunos de los psicoterapeutas que eran posiblemente los responsables de reciclar a los depredadores sexuales clericales fueron frecuentemente citados como expertos. Por supuesto, su actividad anterior se consideró carente de importancia mientras ahora apoyaran la tesis que el compromiso de la Iglesia con el celibato y su rechazo de la revolución sexual tenían parte de culpa en la crisis actual.

También las críticas al «silencio» del papa Juan Pablo II estaban traídas por los pelos. De hecho, el papa había hablado y escrito en abundancia sobre la reforma del sacerdocio durante los anteriores veintitrés años. Más aún, era un sinsentido esperar que el papa pudiese actuar como una especie de superdirector de recursos humanos de todas y cada una de las diócesis católicas del mundo. Los medios también crearon historias a través de las cuales enjuiciaban la actuación de la Iglesia. Por citar un ejemplo: fue la prensa la primera en decidir que la «tolerancia cero» era *el* tema de la reunión de los cardenales norteamericanos con el papa el 22 y el 23 de abril de 2002. La prensa, a continuación, pasó a enjuiciar los resultados de la reunión en base a la adecuación de éstos a la línea que ella misma había dictado. El hecho de que bastantes cardenales cayeran en esta trampa dice muy poco de su competencia, pero no cambia los hechos básicos. En ésta, como en otras ocasiones (y ésta es la forma habitual de proceder de la prensa en los grandes escándalos políticos o empresariales), los periodistas se declaran fiscal, jurado, juez y corte de apelación, y juzgan a la gente según las leyes que ellos mismos han promulgado.

Dicho esto, hay que reconocer que fue un grave error por parte de algunos líderes católicos y fieles tradicionalistas defender que la crisis había sido creada por la «jauría de lobos» de la prensa. No era así. La crisis era, y es, una crisis de la Iglesia. A pesar de que la mayoría de la prensa insistía en ver la crisis a través de la lente secular de los típicos escándalos políticos, dos hechos básicos siguen en pie: los abusos sexuales del clero han sido durante décadas un grave problema para la Iglesia católica; muchos obispos no reconocieron el problema o, reconociéndolo, no supieron actuar a la vez contra el problema y sus causas. Fueron estos dos hechos los que, al conjugarse, crearon la crisis. No fue una crisis inventada por los medios de comunicación.

De hecho, como afirmó más de un católico crítico con la actitud de los obispos (y, ni falta hace decirlo, también crítico con la depredación sexual del clero), la Iglesia tiene con la prensa una deuda de gratitud. Gracias a la prensa, algunos de estos depredadores sexuales han sido arrestados y encarcelados. Gracias a la prensa, las autoridades pudieron descubrir a depredadores como Paul Shanley y el ex sacerdote de Dallas Rudy Kos antes de que pudieran hacer más daño a cuerpos y almas jóvenes. En ambos casos, los líderes de la Iglesia no lograron proteger ni a la Iglesia ni a la sociedad. Gracias a la prensa, la Iglesia católica se ha visto obligada a reconocer que tenía más problemas de los que sus líderes o los propios católicos imaginaban. Está por ver si ese franco reconocimiento se lleva al nivel siguiente, es decir, si se reconoce también con franqueza cuáles son las raíces de la crisis y se establece un firme compromiso para emprender las reformas imprescindibles para transformar la crisis en una oportunidad para la renovación. Y eso nadie lo va saber en muchos años. Pero incluso el católico más fervoroso debe conceder lo siguiente: es muy poco probable que la Iglesia de Estados Unidos se estuviera planteando ahora estas preguntas si no hubiera sido por el acoso de la prensa. Y por ello los católicos debemos sentirnos agradecidos. En todo este asunto los católicos debemos creer que la voluntad salvadora de Dios está, de una manera u otra, llevándose a cabo. Si Dios pudo obrar a través de los asirios en el Antiguo Testamento, ciertamente también puede hacerlo hoy en día a través del *New York Times* y el *Boston Globe*, aunque ni el *Times* ni el *Globe* se den cuenta de ello.

Esto no es una crisis creada por los medios; es una crisis católica: una crisis de fidelidad. Es cierto que a veces los medios parecen una jauría de lobos, pero sería engañoso y autodestructivo para los católicos creer que con eso se explica todo.

¿Tiene la culpa la ética sexual católica?

Tanto críticos laicistas como católicos disidentes afirmaron que la crisis era el subproducto de lo que ellos imaginaban como la ética sexual «medieval» y antediluviana de la Iglesia. Según este punto de vista, había una relación directa entre la encíclica *Humanae Vitae* de 1968, en que la Iglesia reafirma que la planificación familiar natural es el método moralmente adecuado para regular los nacimientos, y la crisis de abusos sexuales del clero. Los críticos y los disidentes tienen razón, pero no de la forma que ellos creen.

Eso, no obstante, es una historia que veremos en el próximo capítulo.

Con esto sucede lo mismo que con el argumento de que la causa de la crisis era el celibato. Toda crítica que afirma que la causa básica de la crisis es la ética sexual de la Iglesia se olvida de un detalle evidente: los que cometen abusos sexuales están manifiestamente y sin el menor asomo de duda viviendo en contra de esa ética sexual. Es más, están haciendo precisamente lo que la Iglesia católica condena. Más de un alto cargo vaticano, anonadado en marzo de 2002 ante las preguntas de los periodistas que inquirían sobre «la actitud del papa respecto a los abusos sexuales del clero», debió de sentirse tentado de contestar: «Está totalmente en contra.» ¿Qué otra actitud iba a adoptar? ¿Qué otra actitud cabe pensar que pueda adoptar la Iglesia?

Como el propio papa Juan Pablo II declaró en su innovadora «teología del cuerpo», la ética sexual católica cree que el amor sexual consiste en entregarse uno mismo, no en afirmarse uno mismo, pues todo amor genuino es cuestión de entrega y no de autoafirmación. Más aún, la Iglesia católica enseña que darse uno mismo a otro a través del amor sexual dentro del vínculo de un matrimonio fiel y fructífero es una imagen de la vida interior de Dios mismo, pues para Dios la Santísima Trinidad es una comunidad de entrega y receptividad radicales. Los periodistas tienden a reducir la ética sexual católica a prohibiciones sobre los contraceptivos y la homosexualidad, sin preguntar sobre las afirmaciones que sostienen esas prohibiciones. La mayoría de los católicos nunca ha oído hablar de la «teología del cuerpo» de Juan Pablo II, y los disidentes católicos tienden a rechazarla porque conduce a conclusiones que no pueden tolerar sobre la contracepción, el sexo fuera del matrimonio y la homosexualidad. El hecho, no obstante, es que la Iglesia católica tiene una visión mucho más elevada de la sexualidad humana que los editores de *Playboy* o *Cosmopolitan*. La Iglesia católica nos dice que nuestra sexualidad nos enseña verdades profundas sobre nosotros mismos, y también sobre Dios. Ni Hugh Hefner ni Helen Gurley Brown se atreverían a decir algo así.

Si hay un error aquí, y sin duda lo hay, está en los pastores de la Iglesia de Estados Unidos (y de todas partes), que no han sido capaces de enseñar la ética sexual de la Iglesia como una ética que afirma y celebra el don del amor sexual. A pesar de lo que ciertas concepciones populares puedan sostener, a los católicos de Norteamérica no se les bombardea regularmente con sermones sobre lo diabólico de ciertas prácticas sexuales. Lo cierto es que la mayoría de los católicos de Estados Unidos podrían contar con los dedos de una mano los sermones sobre moral sexual que han oído en la última década. A algunos sólo les haría falta un dedo.

Esto, a su vez, nos conduce a otra dimensión de la crisis: la Iglesia católica de Estados Unidos no ha aprendido a sentirse cómoda en una posición que la sitúa en la contracultura, no ha sabido enseñar su ética sexual y llamar a la gente de la Iglesia a la aventura de la fidelidad. Muy de vez en cuando se les pide a los católicos que sigan el camino del amor casto tal y como lo entiende la Iglesia católica. Los obispos y sacerdotes católicos casi nunca hablan de la ética sexual de la Iglesia de una forma persuasiva y apasionada, una forma capaz de ver la fuerte apuesta que ha lanzado la revolución sexual y atreverse a subirla. Puede hacerse. Unos pocos académicos y un creciente número de jóvenes parejas católicas que han aprendido la «teología del cuerpo» en los movimientos de renovación católica pueden hablar con ese entusiasmo. Cuando lo hacen, los secularistas escépticos y las feministas convencidas encuentran en la «teología del cuerpo» una genuina contribución al pensamiento humano y una defensa de los cimientos morales de la civilización, no un rechazo represivo del sexo. Quizá la Iglesia, al recuperarse de esta crisis, pueda comenzar a hablarse a sí misma de esa manera sobre estos asuntos.

CAPÍTULO TRES
Cómo se produjo la crisis

Los estudiosos modernos de la Biblia confirman la clásica posición católica respecto a que el Nuevo Testamento fue escrito por la primitiva Iglesia Cristiana. Dios no dictó los libros del Nuevo Testamento palabra por palabra a escribas sagrados. Esos textos emergieron de las comunidades cristianas de los primeros tiempos, cuyas experiencias en el seguimiento de Cristo y cuyos dilemas dieron forma a su recepción de la Palabra de Dios. Las investigaciones han demostrado, además, que los veintisiete libros del Nuevo Testamento no son la única literatura cristiana escrita durante el primer siglo de nuestra era, sino que abundan otros evangelios, epístolas y libros apocalípticos. La Iglesia tuvo un momento de inspiración, un momento de autodefinición, si se prefiere, al determinar que *estos* veintisiete libros, y no otros, serían el canon de la Sagrada Escritura. Y como la Iglesia tomó esta decisión bajo la guía del Espíritu Santo, consiguió clarificar verdades esenciales de la historia de la salvación para sí misma y para las generaciones posteriores. Desde el principio, la escritura de la Iglesia quería instruir al mismo tiempo que recordar.

Que el Nuevo Testamento se puede definir como el «libro de la Iglesia» hace aún más extraño que los cuatro relatos que los evangelios hacen de la vida de Cristo cuenten la traición de Judas Iscariote. Uno de los Doce, uno de los hombres más cercanos a Cristo, lo traicionó y lo entregó a sus enemigos para que lo condenaran a muerte. Cristo fue traicionado por un hombre al que había escogido para formar parte de su círculo íntimo de amistades y al que había llamado a una heroica misión. El Evangelio de Lucas incluso sugiere que Judas participó en la institución de la Eucaristía en la Última Cena, lo que, según la antigua tradición católica, convertiría a Judas en el primer sacerdote que traicionó a Cristo.

Al compilar el Nuevo Testamento, la Iglesia podría haber omitido la historia de la traición de Judas, así como podría haberse saltado la historia de la negación de Pedro y la huida de los demás apóstoles del huerto de Getsemaní tras el arresto de Jesús. Que la Iglesia insistiera en incluir esas historias de traición de los primeros elegidos por el Señor nos dice algo sobre la Iglesia de los primeros tiempos, y también algo sobre la Iglesia en todas las épocas.

Nos dice que la traición ha formado parte de la historia cristiana desde el principio, un hecho que no rehuyeron los primeros cristianos. Pero tan importante como su honestidad respecto a las ovejas negras es el temprano reconocimiento por parte de la Iglesia de que la traición *no* es lo principal en la Iglesia. Lo principal es la fidelidad. Ésa es la historia que cuentan los Hechos de los apóstoles, la historia de aquellos que vivieron la verdad de sus vocaciones sacerdotales y apostólicas y llevaron el evangelio «a los confines de la tierra» (Hechos, 1.8). A Judas se lo menciona en los Hechos antes de la elección de Matías, su sucesor en los Doce, pero la traición no es el eje motor de los Hechos. El testimonio fiel, a veces hasta la muerte, constituye ese eje motor.

¿Qué habría pasado si los apóstoles (que eran, según la tradición católica, los primeros sacerdotes y obispos de la Iglesia) hubieran entrado en un estado de desmoralización y parálisis por la traición de su colega? ¿Qué habría pasado si los miembros de la Iglesia primitiva se hubieran sentido tan escandalizados por la traición de Judas que no hubieran podido entender cómo Dios siempre saca algo bueno de la adversidad?

La traición forma parte de la realidad de la Iglesia, y parte de la realidad del sacerdocio y el episcopado, desde el principio. Sin embargo, no es la última palabra en la historia de la Iglesia. Los hombres que huyeron de Getsemaní presas del pánico y el miedo fueron transformados por el Cristo Resucitado y el Espíritu Santo en hombres alimentados por un fuego interno, hombres que no podían hacer otra cosa que dar testimonio de la verdad de la salvación de Dios en Cristo, aunque les costara la vida. Dios puede, y siempre lo hace, sacar cosas buenas de lo malo, incluso si se trata de un mal tan grande como la pérfida traición al Hijo de Dios.

Es bueno recordar todo esto cuando consideramos cómo sucedieron las más recientes traiciones del sacerdocio y del episcopado (que son siempre traiciones a Dios).

¿Por qué ahora? ¿Por qué de esta forma?

La historia del sacerdocio y del episcopado en la Iglesia católica durante los últimos dos milenios puede leerse como un inacabable cuento de fidelidad, traición y reforma, seguidas de nuevo por fidelidad, traición y reforma.

La sumisión de los obispos medievales a sus príncipes durante el siglo XI condujo a las reformas del papa Gregorio VII y a la lucha entre la Iglesia y el emperador del Sacro Imperio Romano por el nombramiento de los obispos, una lucha que tendría enormes consecuencias durante el siguiente milenio en Europa. En *El libro de Gomorra*, uno de los tratados más agresivos de esa época, Pedro Damián, después canonizado y honrado como doctor de la Iglesia por sus logros en teología, condenaba la sodomía clerical y exigía que el papa León IX tomara medidas contra los decadentes clérigos del siglo XI, defendiendo que había algunos pecados que inhabilitaban a un hombre para cualquier futuro ejercicio del ministerio. La corrupción del clero y el episcopado en la Iglesia inmediatamente anterior a la Reforma llevó a los cambios formulados en el Concilio de Trento y a un sistema de seminarios que funcionó bien para la Iglesia durante más de trescientos cincuenta años. En cada uno de estos casos, y en muchos otros que podrían citarse, la reforma del clero y el episcopado exigía un agudo análisis de las causas de la corrupción. Aunque las causas eran diferentes en cada época, toda perversión del clero y el episcopado siempre surge de una conversión inadecuada a Cristo.

¿Por qué está sufriendo la Iglesia católica de Estados Unidos una crisis de abusos sexuales del clero y liderazgo ineficaz de los obispos ahora, en los primeros años del siglo XXI? ¿Por qué buena parte de esos abusos parecen concentrarse en un período que abarca desde los primeros años de la década de los sesenta hasta los últimos de la década de los ochenta?

Las primeras seis décadas del siglo XX fueron, probablemente, una edad de oro para el clero católico de Norteamérica. Como tan bien lo ha expresado un obispo católico, para un niño de mediados del siglo XX, aspirar al sacerdocio era seguir la más alta vocación imaginable. Los sacerdotes recibían muchísimo apoyo de su gente. Con apenas algún reducto de hipocresía anticatólica como excepción, los sacerdotes católicos eran miembros respetables de la sociedad, hombres a los que la cultura popular trataba como héroes. Los seminarios y los noviciados estaban llenos, y también las casas parroquiales y las religiosas. ¿Qué hizo que esa edad de oro se transformase en un período de confusión que provocó la mayor crisis clerical en la historia católica de Estados Unidos?

Los tradicionalistas católicos tienden a culpar al Concilio Vaticano II; si no a sus enseñanzas, sí a la relajación de la disciplina católica que inspiró. Los disidentes católicos culpan al supuesto fracaso de no vivir «el espíritu del Vaticano II». Ambos tienen razón en que el tumulto que el Vaticano II desató en la Iglesia contribuyó finalmente a provocar la crisis que hoy vivimos. Pero todo concilio ecuménico ha producido tumultos tras su finalización. ¿Por qué precisamente *este* Concilio Vaticano II ha producido *este* tipo de escándalo y *esta* clase de incapacidad episcopal de responder a él?

Como sucede a menudo, la clave fue la sincronización.

A menudo se ha dicho que el concilio urgió a la Iglesia a «abrir sus ventanas al mundo moderno». Eso es totalmente cierto. Pero aún es más cierto que el concilio pidió que se iniciase un diálogo en ambas direcciones entre la Iglesia y la modernidad, diálogo en el que el mundo moderno también se vería desafiado a abrir sus ventanas a mundos de los que formaba parte, como el mundo de la verdad trascendente y el amor. Sea como fuere, una de las cosas más importantes que los obispos, monjas, teólogos y activistas laicos norteamericanos sacaron en claro del Vaticano II fue la idea de que la Iglesia tenía que «abrir sus ventanas al mundo moderno».

Lo que estos líderes católicos no lograron entender entonces, y aún algunos líderes católicos siguen sin reconocer hoy en día, es que la Iglesia católica abrió sus ventanas justo cuando el mundo moderno occidental se estaba adentrando en un oscuro túnel lleno de vapores tóxicos.

Cuando la Iglesia abrió sus ventanas, a mediados de la década de los sesenta, había toda clase de toxinas en el ambiente. En la alta cultura, y especialmente entre los intelectuales, las centelleantes esperanzas de la «modernidad» estaban estrellándose contra los acantilados de la irracionalidad, la autocomplacencia, el nihilismo de moda y el desprecio por cualquier tipo de autoridad tradicional. Los dos mayores filósofos de mediados de siglo —Martin Heidegger y Jean-Paul Sartre— apoyaron a los dos más terribles carniceros de ese siglo de matanzas: Heidegger apoyó a Hitler y Sartre apoyó a Stalin. Su ceguera política presagiaba décadas en que los intelectuales, tras haber abandonado la búsqueda de la verdad, cayeron en las arenas movedizas del ensimismamiento, y sólo salían de ellas para encontrarse a menudo aliados con causas políticas odiosas. No iba a ser fácil establecer un diálogo con intelectuales que estaban convencidos de que la civilización occidental se había corrompido debido al racismo, al imperialismo y a la misoginia.

Algunos eclesiásticos trataron valientemente de realizar la promesa del concilio anticipando ese diálogo con la modernidad. El mismo Jean-Marie Lustiger, que acudió a clases de ciencia política en la Sorbona con un intelectual camboyano llamado Pol Pot, se convertiría en un eficiente catequista en los círculos radicalmente seculares de la intelectualidad francesa, y después en arzobispo de París. Karol Wojtyla, de Cracovia, otro joven sacerdote apasionadamente interesado por la filosofía moderna, condujo durante décadas un diálogo con los intelectuales polacos seculares y agnósticos, en un esfuerzo común por encontrar el auténtico significado de la libertad humana bajo la tiranía comunista. Wojtyla, al convertirse en el papa Juan Pablo II, traería luego consigo a Roma las lecciones aprendidas durante esos diálogos. Pero a pesar de estos y otros ejemplos de genuina conversación e intercambio, la verdad seguía siendo que los sesenta fueron una época muy difícil para que se diera un diálogo realmente en ambas direcciones entre una anciana tradición religiosa construida sobre los cimientos de lo que ella entendía como verdades con consecuencias para toda la humanidad, y un mundo intelectual que miraba con escepticismo la sola posibilidad de que existiese una cosa tal como la «verdad».

Existían, además, otros temas clave de la cultura contemporánea que hacían que el encuentro del catolicismo *post* Vaticano II con la modernidad fuera difícil, más difícil de lo que alguno de los obispos más optimistas del concilio imaginaron jamás. ¿Cómo podía una iglesia constituida sobre la base de una tradición autorizada presentarse ante una cultura que miraba con recelo cualquier forma de autoridad tradicional, y especialmente la autoridad religiosa? Pronto se le aplicó a la Iglesia la etiqueta de «autoritaria», y el adjetivo cuajó. En los sesenta la Iglesia tuvo que enfrentarse otra vez a un viejo enemigo que aparecía nuevamente bajo un disfraz moderno: el gnosticismo, la antigua herejía que afirmaba que el mundo material carece de importancia. Durante casi dos mil años, la Iglesia católica ha insistido en que las cosas tienen importancia. El pan y el agua, el aceite y la sal, y el amor sexual dentro del vínculo del sagrado matrimonio se podían transformar en encuentros sacramentales con el propio Dios. ¿Por qué? Porque los objetos ordinarios de este mundo nunca son tan ordinarios como parecen: siempre apuntan más allá de sí mismos hacia el extraordinario amor de Dios por su creación. ¿Cómo podía esta clase de iglesia predicar su mensaje en un mundo que, a pesar de todos sus lujos materiales, parecía no tomarse en serio el mundo material y trataba a todas las cosas materiales (incluido el cuerpo humano) como si fueran meros juguetes con los que divertirse en una eterna búsqueda de maneras de expresarse y conseguir placer? ¿Cómo podía una iglesia comprometida con la idea de que la verdad y la bondad son inseparables de la libertad defender su caso en una cultura en que la libertad era entendida por la inmensa mayoría como libertinaje («lo he hecho a mi manera»)?

El problema esencial (cómo mantener un auténtico diálogo con la modernidad que no implicase que la Iglesia se intoxicase con algunos de los vapores más pestilentes del mundo moderno) ya era suficientemente difícil. Y esas dificultades no hicieron más que aumentar a raíz de la tremenda reestructuración que experimentó la Iglesia católica norteamericana tras el Vaticano II.

Si hay una década en la historia del catolicismo estadounidense que se ajusta a la caricatura de la Iglesia católica como una especie de ejército eclesiástico en que las órdenes de los superiores son rápidamente transmitidas por la cadena de mando y ejecutadas sin discutirlas jamás, ésa es la década de 1950. Las energías retenidas durante ese período de estricta disciplina eclesiástica, sumadas al ambiente cultural radical de los sesenta, más el mandato del concilio de renovar las formas de gobierno de la Iglesia, crearon un cóctel muy volátil, incluso explosivo. El resultado fue un cambio drástico en la atmósfera y en la disciplina de la Iglesia católica en Estados Unidos. Cambió el modo de vida de los sacerdotes y también cambiaron sus actitudes hacia los obispos. Enfrentamientos con la autoridad que hubieran sido impensables en los cincuenta eran comunes a finales de los sesenta. Los seminarios, que habían sido vistos, junto con las academias militares, como instituciones estrictas que preparaban a profesionales altamente disciplinados, se transformaron en cinco años hasta parecer dormitorios universitarios o la sede de alguna fraternidad. El rápido y generalizado éxodo del sacerdocio activo que se produjo en las décadas que siguieron al Vaticano II provocó que, institucionalmente, se quisiera mantener contentos a toda costa a aquellos que quedaban (como sacerdotes o como seminaristas), lo que a su vez contribuyó a la relajación general de la disciplina eclesiástica.

Paralelamente a todos estos cambios se produjo una rápida burocratización de la vida católica en Estados Unidos a todos los niveles, desde la parroquia local hasta la conferencia episcopal. Aparecieron nuevos cargos, que a menudo ocuparon activistas e intelectuales que, como hacen todas las burocracias, crearon una élite que se perpetuaba a sí misma en el poder. En este caso, era una élite comprometida con el «espíritu del Vaticano II» y decidida a imponer una serie de cambios radicales a través de la burocracia si no podían imponerlos a través de la persuasión o si el Vaticano decía «no». La larga marcha de la Izquierda Católica a través de las instituciones de la Iglesia había comenzado.

Entonces irrumpió con fuerza la revolución sexual, una explosión cultural que había estado cociéndose en Occidente desde los años veinte. La decadencia de esa era, no obstante, no pudo durar, pues la Gran Depresión hizo que mantener la familia tradicional fuera una prioridad económica, y la segunda guerra mundial no era un momento adecuado para cambios sociales drásticos. Pero unos quince años después de la guerra irrumpió en Occidente una revolución sexual que hizo que los Felices Veinte parecieran un juego de niños. El freudianismo estaba en su apogeo y lo que las generaciones anteriores habían contemplado como autodominio de los propios deseos sexuales ahora se definía desde la alta cultura occidental como «represión» malsana. La píldora anticonceptiva parecía prometer placer sin consecuencias en un ambiente sexual seguro y despreocupado. Los cambios en la actitud frente al aborto, que al final se plasmaron en cambios en la legislación, contribuyeron a la creciente y extendida idea de que el sexo era simplemente una forma de diversión, en la que «todo vale» mientras «no se haga daño a nadie». Las costumbres sexuales tradicionales se estaban desmoronando en toda la sociedad, y la cultura occidental se vio abocada a una saturación de sexo.

El encuentro intelectual católico con la modernidad tras el Vaticano II condujo a importantes logros teológicos. También condujo a un período de grave confusión doctrinal, particularmente en el campo de la teología moral. La comunidad católica de Estados Unidos, vibrante y en expansión, ya no podía gobernarse como la Iglesia de los años cincuenta, sacando el dinero del billetero del obispo y desde el escritorio puesto en su casa. Pero la explosión de la burocracia en la Iglesia tras el Vaticano II y los cambios drásticos en la forma en que los obispos entendían su cargo hicieron aún más difícil mantener la cohesión doctrinal y la disciplina eclesiástica. La situación se agravó por lo que parecía un liderazgo papal incierto durante los quince años del pontificado del papa Pablo VI (1963-1978). Así que cuando la revolución sexual golpeó a la Iglesia católica con la fuerza de un huracán, ésta estaba mal preparada para recibir el golpe tanto a nivel intelectual como espiritual y de organización.

Las consecuencias son ahora obvias en la crisis de abusos sexuales del clero y su agravamiento por la forma de gobernar incompetente o torpe de los obispos. Los sesenta no crearon la crisis, que es primordialmente responsabilidad de la Iglesia. A finales de los sesenta, de todos modos, una cultura de la disidencia se enraizó en la Iglesia católica de Estados Unidos, indudablemente influenciada por el espíritu de los tiempos. En esa cultura de la disidencia, la fidelidad cobró un nuevo sentido, o quizá sea mejor decir que perdió su verdadero sentido eclesiástico. Precisamente en ese mismo momento, la crisis de abusos sexuales del clero ganó una masa crítica tan importante que sus consecuencias inundaron las dos décadas siguientes. La sincronización de estos eventos no es accidental. Ni tampoco lo es la relación entre los abusos sexuales del clero y la cultura de la disidencia.

La «tregua de 1968»

La controversia pública sobre la encíclica *Humanae Vitae* del papa Pablo VI fue quizá el momento crucial en la fundación de una cultura de la disidencia que iba a influenciar a la Iglesia católica en Estados Unidos durante el resto del siglo XX.

Emitida el 25 de julio de 1968, *Humanae Vitae* reafirmó la enseñanza de la Iglesia católica de que usar los ritmos naturales de fertilidad como medio de planificación familiar es el modo moralmente correcto de regular los nacimientos. La encíclica decepcionó a aquellos que habían esperado (y presionado) para que el papa diera su refrendo moral a la píldora anticonceptiva. Enfureció a los teólogos que habían trabajado duro para hacer que el «control de natalidad» fuera el vehículo de controversia mediante el cual articular cambios drásticos en la manera como la Iglesia pensaba y enseñaba sobre temas de moralidad en general. En ellos quedó un resentimiento muy profundo.

La disidencia pública sobre *Humanae Vitae* comenzó incluso antes de que el texto oficial de la encíclica fuera hecho público. Esta disidencia no la lideraron laicos decepcionados, sino sacerdotes, religiosos y teólogos, algunos de ellos hombres y mujeres de considerable influencia. Uno de los epicentros de disidencia fue la archidiócesis de Washington. Los sacerdotes de la archidiócesis se unieron públicamente a la disidencia contra la encíclica (que era intensa en la Catholic University of America, de Washington). Tras varios avisos, el arzobispo local, el cardenal Patrick O'Boyle, sancionó a diecinueve sacerdotes. Las penas impuestas por el cardenal O'Boyle variaron de sacerdote a sacerdote, pero incluían la suspensión del ministerio activo en varios casos. Los sacerdotes implicados hicieron público su caso y apelaron a las autoridades de Roma.

En abril de 1971 la Congregación para el Clero del Vaticano emitió un documento sobre el «caso Washington» que minimizaba drásticamente la naturaleza de la disidencia y recomendaba «urgentemente», al cardenal O'Boyle, que levantara las sanciones contra esos sacerdotes de Washington que no estaban de acuerdo con las «conclusiones» del informe de la congregación. Esas conclusiones no incluían ni la obligación de retractarse del disenso anterior ni la obligación de hacer una afirmación explícita de las verdades morales que enseñaba *Humanae Vitae*. O'Boyle levantó las sanciones impuestas sobre aquellos de los diecinueve que aún eran sacerdotes (unos cuantos habían abandonado el ministerio durante los tres años que pasaron hasta la decisión de la congregación).

La Congregación para el Clero estaba dirigida en esos momentos por un estadounidense, el cardenal John Wright. El informe de la Congregación y sus recomendaciones fueron el resultado de una larga negociación entre el cardenal Wright, el cardenal O'Boyle y sus respectivos intermediarios (dos de los cuales llegaron luego a obispos). Según los recuerdos de algunos testigos presenciales, todos los implicados entendían que Pablo VI quería que el «caso Washington» se zanjase sin retractación pública de los disidentes, pues el papa temía que insistir en ese punto llevara al cisma, a una fractura formal en la Iglesia de Washington, y quizá en todo Estados Unidos. El papa, evidentemente, estaba dispuesto a tolerar la disidencia sobre un tema respecto al que había hecho unas declaraciones solemnes y autorizadas, con la esperanza de que llegase el día en que, en una atmósfera cultural y eclesiástica más calmada, la verdad de su enseñanza pudiera ser apreciada. El mecanismo que se acordó para ganar tiempo hasta que eso sucediera fue la «tregua de 1968».

La historia, incluyendo la historia de la Iglesia, está llena de «¿Y si...?». ¿Y si las enseñanzas sobre planificación familiar natural de *Humanae Vitae* hubieran sido explicadas dentro del rico contexto humanístico que el papa Juan Pablo II aportó al debate dos décadas después? ¿Habrían recibido las enseñanzas de la Iglesia una acogida más justa? ¿Habría sido la disidencia tan estridente y ruidosa? ¿Y si el cardenal O'Boyle hubiera intentado aplicar otros medios para mantener la disciplina entre los sacerdotes de la archidiócesis de Washington? ¿Y si la prensa no hubiera decidido que el carácter de «hombre muerde a perro» de la «disidencia católica» constituía una noticia maravillosamente interesante? ¿Y si se hubiera adoptado un mecanismo diferente para resolver este conflicto entre un obispo local y sus sacerdotes? Los católicos estarán debatiendo sobre estas cuestiones durante décadas.

Lo que ahora parece claro, no obstante, es lo que la Iglesia norteamericana aprendió del caso Washington y de la tregua de 1968.

Los teólogos, sacerdotes y monjas que públicamente se opusieron a *Humanae Vitae* (los que afirmaban que las enseñanzas de la Iglesia sobre la manera moralmente adecuada de regular la natalidad eran falsas) se sintieron alentados por la tregua de 1968 a continuar e, incluso, a ampliar su disidencia. No iba a haber sanciones graves para las rupturas fundamentales de la disciplina eclesiástica. Los teólogos, sacerdotes, religiosos y religiosas bajo votos de obediencia podían, de hecho, coger una encíclica papal, un acto solemne de la autoridad doctrinal de la Iglesia, y tirársela de vuelta a la cara al papa, y podían hacerlo impunemente. La disidencia acababa de recibir su patente de corso.

Los obispos de Estados Unidos también aprendieron algunas cosas. Los obispos que querían proteger las enseñanzas autorizadas de la Iglesia sirviéndose de sanciones contra los disidentes, sanciones aprobadas por la ley canónica, descubrieron que era mejor no hacerlo si implicaban una importante controversia pública. ¿Por qué? Porque Roma no iba a aprobar tales sanciones en dichas circunstancias. Al tiempo, los obispos con la predisposición a apoyar a la cultura de la disidencia (al principio, en el tema del control de natalidad, luego en los demás) aprendieron que era posible hacerlo, al principio discretamente, más adelante ya en público. Fueran cuales fuesen las intenciones de la tregua de 1968, ésta demostró a los obispos católicos de Estados Unidos que el Vaticano no iba a apoyarlos en su intento de mantener la disciplina entre los sacerdotes y la integridad doctrinal entre los teólogos, ni siquiera para salvaguardar lo que el propio Vaticano creía que eran las verdades morales fundamentales si las consecuencias podían llevar a la indignación de la opinión pública. Por este motivo, en conjunción con otros, toda una generación de obispos católicos estadounidenses acabó creyendo que su labor no era tanto ser maestros autorizados, sino moderadores de un debate cuya única responsabilidad era hacer que todo el mundo siguiera conversando y aportando cosas. Y, a raíz de la tregua de 1968, eso parecía ser también lo que quería Roma.

Los laicos católicos también aprendieron algo de la tregua de 1968, aunque nunca hayan oído hablar de ella. La aprobación tácita de la cultura de la disidencia durante la controversia causada por *Humanae Vitae* enseñó a dos generaciones de católicos que en la Iglesia prácticamente todo podía cuestionarse: la doctrina, la moral, el sacerdocio, el episcopado, todo. Bastantes católicos pensaron que una iglesia dispuesta a tolerar el abierto rechazo a un acto solemne de la doctrina del papa no podía sostener seriamente su doctrina ni en este ni en ningún otro asunto. Era posible, pues, seleccionar y escoger entre esa doctrina las partes que congeniaran más con el carácter de cada uno. De esta forma, el «catolicismo personalizado» fue otro de los hijos de la controversia generada por *Humanae Vitae* y de la tregua de 1968.

Fueran cuales fuesen las intenciones de aquellos que negociaron la tregua de 1968, el resultado final de este notable evento fue promover el caos intelectual, moral y disciplinario en la Iglesia católica de Estados Unidos. Rechazar la doctrina moral solemnemente proclamada por la Iglesia no comportaba, esencialmente, ningún castigo, y ésa es una lección que no pasó desapercibida. La obediencia a lo que la Iglesia enseñaba que era la verdad y la obediencia a los superiores eclesiásticos legítimos eran ahora, de alguna manera, opcionales. No debe sorprendernos que las consecuencias fueran el desorden y la indisciplina.

La disidencia entre los teólogos

Un segundo suceso que aconteció en este mismo período, consecuencia de un estudio sobre la ética sexual católica encargado tras *Humanae Vitae* por la asociación teológica más prestigiosa de Estados Unidos, la Catholic Theological Society of America (CTSA), demostró lo mucho que la cultura de la disidencia había calado en la sociedad hacia principios de los setenta, y anunciaba la influencia que iba a tener en la teología católica norteamericana en los años venideros. El estudio, publicado en 1977 bajo el título de *Human Sexuality: New Directions in American Catholic Thought*, abogaba por un cambio dramático del marco en que los teólogos morales católicos pensaban sobre cuestiones de moralidad sexual, y proponía «consejos útiles y prácticos [para] pastores, sacerdotes, consejeros y maestros asediados». Tanto las conclusiones teológicas del estudio como las pautas que ofrecía desafiaban de plano a la doctrina tradicional en prácticamente todos y cada uno de los temas de moralidad sexual, incluyendo contracepción, masturbación y homosexualidad.

Aunque *Human Sexuality* causó gran controversia en la cúpula dirigente de la CTSA, la forma en que se resolvió esta controversia y la publicación del informe confirmó la influencia que había ganado la cultura de la disidencia. Durante la sesión ejecutiva de la convención anual de la CTSA de 1976, algunos miembros del consejo directivo criticaron la validez académica del estudio. Pero los miembros del consejo temían que, si rechazaban por completo el estudio, los socios revocarían su decisión en una votación en la asamblea. El consejo consintió en simplemente «recibir» el estudio en lugar de «aceptarlo» formalmente, y el presidente del comité que lo había preparado, el padre Anthony Kosnick, aceptó que tres teólogos lo revisaran y recomendaran algunos cambios. No obstante, el estudio quedó prácticamente intacto tras esa revisión. Finalmente, el estudio fue publicado de forma independiente por Paulist Press.

Human Sexuality también recibió el escrutinio de Roma. En julio de 1979, la Congregación para la Doctrina de la Fe del Vaticano hizo unas declaraciones sobre el documento advirtiendo que deploraba sus «erróneas conclusiones», identificando numerosas malas interpretaciones de la doctrina del Vaticano II y declarando que el estudio reducía la moralidad del amor sexual a una cuestión de «afectos personales, sentimientos [y] costumbres...». Estos errores teológicos conducían al estudio a ofrecer unos consejos que «o bien se apartan de la doctrina católica o bien la contradicen directamente», al menos en la forma en que la enseñaba la más alta autoridad doctrinal de la Iglesia.

Pero lo que nos atañe aquí no es hasta qué punto *Human Sexuality* contenía buena o mala teología moral (aunque debería recordarse que incluso académicos muy críticos con algunos aspectos de la ética sexual católica concluyeron que el libro era de una calidad teológica ínfima). Lo que se *aprendió* de *Human Sexuality* tuvo unas consecuencias mucho mayores. Aunque el consejo directivo de CTSA no aceptó publicar el estudio como propio, esa sociedad sufrió importantes convulsiones a raíz de *Human Sexuality* —cosa sabida entre la comunidad teológica norteamericana—, convulsiones que enviaban varias señales.

El episodio sirvió para clarificar la correlación de fuerzas en el interior de la comunidad de teólogos católicos de Estados Unidos. Se confirmó de nuevo que la disidencia era una manera apropiada de responder a la doctrina autorizada. Se informó a los teólogos que defendían la ética sexual de la Iglesia de que su disidencia de la disidencia iba a interpretarse como una traición al gremio de los teólogos. Se dijo a los académicos jóvenes, literalmente, que defender a ultranza la ética sexual de la Iglesia no iba a ayudarlos a progresar en su carrera, ni siquiera si esos académicos jóvenes intentaban descubrir nuevas maneras más atractivas de exponer la doctrina eclesial sobre la castidad y el amor sexual. El nuevo criterio que marcaba la aceptación profesional en la CTSA no era la habilidad de presentar la doctrina de la Iglesia de una forma intelectualmente satisfactoria y pastoralmente atractiva, sino que la aceptación se producía precisamente a través de la oposición a esa doctrina.

El impacto que esto tuvo en los sacerdotes fue muy considerable. Si los más brillantes y mejores miembros de la Iglesia podían, no ya disentir, sino defender la disidencia como la máxima expresión de la fidelidad católica, ¿por qué no podían hacer lo mismo los sacerdotes de parroquia, que se enfrentaban habitualmente a la tensión entre la doctrina de la Iglesia sobre ética sexual y las vidas de su rebaño? La influencia de *Human Sexuality*, no ya como estudio sino como acontecimiento, fue mucho mayor de lo que sus autores pudieron imaginar cuando escribieron el libro.

El impacto en los seminarios

La tregua de 1968, el estudio de la CTSA y las lecciones aprendidas de estos dos episodios por los teólogos y los sacerdotes tuvieron un profundo impacto —en ocasiones, devastador—

en los seminarios donde se forma a los sacerdotes diocesanos o de órdenes religiosas. Los seminaristas y novicios de las órdenes religiosas se vieron enfrentados a una situación prácticamente esquizofrénica, pues cuando la cultura de la disidencia reunió la suficiente masa crítica en la comunidad teológica, las opiniones disidentes sobre moralidad sexual y otros temas se enseñaron en los seminarios y noviciados como posiciones aceptables. Ser testigo de la plenitud de la fe católica se convirtió en algo anticuado, incluso extravagante. Lo sospechoso no era ser heterodoxo, sino ser ortodoxo. Los hombres que se ajustaban con firmeza a la doctrina autorizada de la Iglesia comenzaron a ser vistos como personas «rígidas» o «ideologizadas», y se cuestionó su madurez y estabilidad: ¿acaso no era un signo de desorden psicológico que un hombre se tomara tan en serio la doctrina autorizada de la Iglesia? ¿Acaso no era un indicio de que estaba reprimiendo algo? ¿De qué tenía miedo?

Al mismo tiempo se erosionó de forma drástica la disciplina de los seminarios. Nadie con sentido común puede discutir que era necesario introducir cambios en la instrucción, formación espiritual y reglamentos de los seminarios de los años cincuenta. Pero a finales de los sesenta, el péndulo se había desplazado al otro extremo. La misa diaria aún figuraba en el horario, pero no asistir a ella no se consideraba demasiado grave. Muy pocos seminaristas seguían la liturgia de las horas (oficio divino) que luego estarían obligados a seguir como diáconos o sacerdotes. Se extinguió la práctica de ir a confesarse en privado a intervalos regulares (como después se extinguiría en toda la Iglesia católica). La vida devocional —el rosario, las estaciones del vía crucis, la adoración eucarística, etc.— se evaporó hasta el punto de que a los seminaristas que aún practicaban estas formas de piedad se los tildaba de «PED» (píos y excesivamente devotos), siguiendo la descripción crítica que de ellos hizo un seminarista.

Los datos parecen sugerir que ésos fueron también los años en que entró en los seminarios un mayor porcentaje de candidatos con orientación homosexual. La teología moral católica siempre había distinguido entre actos homosexuales (que son siempre pecado) y orientación homosexual (que no se estima como pecaminosa en sí misma). Bajo las presiones de la revolución sexual, y dadas las posiciones que en moral sexual adoptaron los teólogos disidentes, se estableció la distinción entre acto y orientación como un absoluto y el resto de la doctrina sobre la orientación homosexual (que dice que tal orientación es en sí un desorden de los afectos, una señal de perturbación espiritual) se perdió en el olvido. Dado que las reglas sobre encuentros heterosexuales fueron relajándose paulatinamente, era sólo cuestión de tiempo que los encuentros homosexuales, dentro o fuera del seminario, no fueran vistos como faltas graves. En las décadas de los setenta y los ochenta, algunos seminarios se hicieron célebres en la rumorología *underground* católica por sus subculturas gay, en las que a menudo participaban tanto estudiantes como miembros de la facultad. El venerable Theological College de Washington, el que un día fue uno de los más prestigiosos seminarios de Norteamérica, pasó a ser conocido como el «armario teológico». Los seminaristas podían completar sus cuatro, seis u ocho años de formación sin haber recibido ni una sola vez lecciones sobre el significado de la castidad y sin haber recibido ninguna formación efectiva sobre cómo vivir la castidad célibe tras su ordenación.

Pero lo que quizá aún sea más grave es que en el cuarto de siglo que siguió al Vaticano II los seminarios se convirtieron en lugares de falsedad y autoengaño intelectual. Puesto que la mayoría de los obispos no estaban dispuestos a ordenar a hombres que abierta y públicamente disentían de la doctrina de la Iglesia, se comenzó a aplicar un doble rasero. Se esperaba de los candidatos al sacerdocio que mostrasen su apoyo público a la doctrina de la Iglesia, pero durante su formación teológica y espiritual les habían enseñado que esta doctrina, especialmente en lo que afecta a temas de moral sexual, era cuanto menos dudosa y probablemente errónea. Estos hombres, pues, aprendieron en los seminarios a seguir de boquilla una doctrina en la que no creían y la cual no tenían ninguna intención de difundir durante su ministerio. No puede sorprendernos que, ya ordenados sacerdotes, estos hombres siguieran aplicando estas mismas pautas de falsedad. Tampoco debería sorprendernos el hecho de que el autoengaño intelectual ayudara a allanar el camino para que, tras la ordenación, se siguiera con conductas deshonestas y engañosas, especialmente en materias de vida sexual.

El síndrome del «sanador herido»

Otra imagen, sacada de los textos de un famoso escritor espiritual, colaboró a propagar el colapso de la disciplina entre los sacerdotes de Estados Unidos en las décadas inmediatamente posteriores al Vaticano II. Henri Nouwen era un sacerdote y psicólogo holandés que dio clases durante muchos años en la Yale Divinity School e impartió numerosas conferencias en muchas instituciones católicas. Era un escritor prolífico que llegaba a los lectores, así que sus libros se vendían muy bien. Uno de sus primeros libros, *El sanador herido*, proponía que los sacerdotes deberían ejercer su ministerio sirviéndose de la experiencia que extraían de su propia lucha interna para vivir la plenitud de la verdad católica. La idea en sí misma tenía sentido —los directores espirituales tradicionales lo llevaban haciendo durante siglos—, pero, dada la cultura de terapia psicológica en que la propuesta del padre Nouwen fue lanzada, se interpretó la imagen del «sanador herido» de forma muy distinta de como la habían enseñado los maestros espirituales clásicos.

Los sacerdotes que empezaron a creerse que eran «sanadores heridos», y entre ellos especialmente los que habían recibido una formación intelectual y espiritual deficiente en los seminarios entre los sesenta y principios de los ochenta, se sentían a menudo tentados de darse manga ancha a sí mismos con sus «heridas». Los pecados del clero, como la conducta sexual impropia, que antes se veían como serias afrentas que requerían arrepentimiento, penitencia grave y un cambio de vida realmente radical, ahora podían considerarse «heridas» que necesitaban más de un psicólogo que de un director espiritual exigente y con las ideas claras. Que el sacerdote es un «sanador herido» se da por supuesto, ya que los sacerdotes, como todos los demás cristianos, son pecadores. Pero cuando el hecho de ser un «sanador herido» se convierte para el sacerdote en el centro de su identidad, algo no funciona en la comprensión de sí mismo, algo que puede llevar a más autoengaños intelectuales, espirituales y de conducta. El «sanador herido» que se cree a sí mismo primordialmente como tal acaba dándose permiso para volver a herirse y al final acaba haciendo daño a los demás, a veces de forma terrible.

La cultura clerical del catolicismo estadounidense probablemente exageró esta dimensión de la crisis de disciplina en el sacerdocio norteamericano. La extraordinaria camaradería y la sensación de fraternidad que se encuentra prácticamente en todas partes entre los sacerdotes católicos es una de las características más atractivas del sacerdocio. Los sacerdotes se sienten como en casa entre ellos, y esa fraternidad se extiende a menudo a una gran generosidad de espíritu: los sacerdotes se apoyan unos a otros de muchas maneras, hablan el mismo lenguaje, comparten dificultades profesionales, experimentan las mismas cosas y siempre están cuidando los unos de los otros. No obstante, en un ejemplo perfecto de cómo la virtud puede convertirse en vicio, el instinto de los sacerdotes de apoyarse unos a otros ha magnificado el efecto del síndrome del «sanador herido». Los sacerdotes que se habían acostumbrado a permitirse a sí mismos seguir una conducta sexual deshonesta basándose en que eran, después de todo, «sanadores *heridos*», esperaban, y demasiado a menudo obtenían, apoyo de sus colegas sacerdotes en su autoengaño (y en el engaño a otros, incluyendo a obispos). Y hombres que habían crecido acostumbrados a permitirse frecuentes deslices estaban más que dispuestos a permitírselos a sus colegas sacerdotes. La cultura clerical que había extendido la fraternidad entre sacerdotes también contribuyó a extender el engaño y la cerrazón de gremio.

Los inicios de la reforma

La tormenta de fuego que se desató en la Iglesia católica durante la primera mitad del año 2002 ensombreció el hecho de que al menos algunos de los problemas que hemos descrito hasta ahora habían comenzado a ser corregidos, y con bastante éxito, a finales de los ochenta y principios de los noventa.

La preocupación del papa Juan Pablo II sobre la formación de los sacerdotes en Estados Unidos hizo que el Vaticano encargara un estudio en los ochenta sobre todos los seminarios del país. El estudio estaba tan mal diseñado que algunos de los responsables de los problemas que atravesaban los seminarios norteamericanos, y que ahora eran obispos, fueron designados como inspectores. No es lo más recomendable para comenzar una reforma. Pero todas esas visitas a seminarios en los ochenta sí que tuvieron consecuencias: sirvieron para que todos, excepto los más intransigentes disidentes, se dieran cuenta de que la época de la indisciplina estaba tocando a su fin y, sobre todo, dejaron claro el punto de vista de Roma, según el cual un seminario simplemente no podía funcionar sin integridad intelectual, profunda formación espiritual y disciplina efectiva. Y algunos seminarios comenzaron a cambiar. El Sínodo de Obispos de 1990 sobre la formación de los sacerdotes y la exhortación apostólica del papa Juan Pablo II que cerró ese sínodo, *Pastores Dabo Vobis* (*Os daré pastores*) aceleraron el cambio. Al unir el clásico concepto católico de la formación en el seminario con las preocupaciones contemporáneas sobre la formación humana, *Pastores Dabo Vobis* le dio a una nueva generación de sacerdotes que querían reformar los seminarios —incluyendo entre ellos a sacerdotes que habían sufrido durante la época tonta como seminaristas o como miembros jóvenes del profesorado de los seminarios— una auténtica orden para que procedieran a ese cambio, una orden que, además, tenía una solidez tal que no permitía descartarla como un sombrero viejo. Tan pronto como rectores fuertes y efectivos, comprometidos con la alta visión del sacerdocio que defendía Juan Pablo II, comenzaron a tomar el control en los seminarios, la situación comenzó a cambiar drásticamente y, al menos si lo medimos a escala institucional, bastante rápidamente. Un ejemplo extraordinario de este cambio lo encontramos en el seminario de Estados Unidos en Roma, el Pontifical North American College. A mediados de los ochenta se podía encontrar a los estudiantes en fiestas bailando… abrazados entre sí. A mediados de los noventa, el North American College era un ejemplo modélico de institución para la formación de sacerdotes que atraía a un gran número de seminaristas bien preparados para quienes una ortodoxia vibrante y vital era la solución a las dificultades de la Iglesia tras el Vaticano II, y no el enemigo que había que batir. Este cambio se produjo por el liderazgo que durante una década ejercieron dos sucesivos rectores plenamente comprometidos en llevar a cabo las enseñanzas de *Pastores Dabo Vobis*.

La realidad de los abusos sexuales del clero también llevó a realizar reformas en el personal de plantilla de las diócesis, reformas que fueron en su mayoría ignoradas en las noticias que los medios dieron sobre los escándalos católicos en la primera mitad de 2002. El juicio y la condena en 1985 de Gilbert Gauthe, un sacerdote de Louisiana culpable de múltiples delitos de agresión sexual, causó tal impacto en el sistema que algunos obispos comenzaron a aplicar políticas de personal más estrictas con sus sacerdotes y se discutió establecer una serie de tales políticas a nivel nacional. Este debate se avivó en 1991 por el caso del sacerdote de Rhode Island James Porter, otro agresor sexual en serie. La Conferencia Episcopal, en su reunión de 1992, propuso crear una política estándar para toda la nación basada en cinco criterios: rápida respuesta a las acusaciones, suspensión inmediata de un sacerdote cuando los cargos estuvieran apoyados con pruebas, cooperación total con las autoridades, apoyo a las víctimas y a sus familias, y explicaciones públicas y sinceras sobre las posición de la Iglesia. En 1993 la conferencia estableció, además, un comité sobre abusos sexuales. Pero la conferencia no tenía la autoridad de obligar a cada diócesis individual a aceptar sus cinco criterios para enfrentarse a casos de abusos sexuales del clero y, aunque muchas diócesis sí los aplicaron, otras no lo hicieron. Estos cambios en la manera de lidiar con los depredadores sexuales del clero, además de enviarles el mensaje claro de que su delito no quedaría impune, unidos a los inicios de la reforma en al menos algunos seminarios, tuvieron consecuencias positivas: la prueba está en los pocos casos denunciados de abusos sexuales que tuvieron lugar en la década de los noventa.

Pero estos pequeños avances no fueron suficientes. Prueba de ello es la manera burda e insultante en que algunas diócesis llevaron los casos de abusos sexuales del clero en los años noventa, abusos que ciertamente no se limitaron a Boston, Los Ángeles y Dallas. Es necesaria una reforma más profunda, basada en un análisis más concienzudo de las causas de la crisis. Esperemos que ése sea el resultado de la tormenta de fuego de principios de 2002.

¿Disidencia fiel?

En la tregua de 1968, los altos cargos romanos y estadounidenses trataron de evitar un cisma en la Iglesia católica declarando, al menos de forma tácita, que la «disidencia fiel» era una posibilidad real para los católicos, incluso para aquellos que ocupaban cargos en la Iglesia como pastores y maestros. Lo que la tregua de 1968 concedió tácitamente lo afirmó expresamente el estudio de CTSA de 1975, dos generaciones de teólogos que formaron a los futuros sacerdotes de Estados Unidos y, a menudo, lo afirmaron también los propios obispos norteamericanos. El resultado final fue precisamente el opuesto a la unidad que la tregua de 1968 había tratado de lograr.

No hubo en la Iglesia estadounidense un cisma como el que temía el papa Pablo VI, pero sí un cisma sutil, interior, invisible. Una cosa es que un católico —laico, seminarista, sacerdote, monja u obispo— diga de la doctrina de la Iglesia: «No lo entiendo. Quizá los maestros de la Iglesia puedan clarificar un poco más el tema, quizá necesitemos pensar en esta verdad de forma más detallada.» Algo muy diferente es que un católico, y especialmente un católico que enseña, administra los sacramentos y gobierna al pueblo católico en nombre de la Iglesia, diga: «La más alta autoridad doctrinal de la Iglesia católica está enseñando mentiras y llevando a la Iglesia al error.» El católico que dice «no lo entiendo» concede que dentro del esquema católico de cosas la autoridad doctrinal de la Iglesia es justamente eso, un instrumento de doctrina autorizada. El católico que dice «la autoridad doctrinal está llevando a la Iglesia al error» se está declarando a sí mismo fuera de la completa comunión con la Iglesia.

Eso es lo que demasiados seminaristas y sacerdotes hicieron durante los veinticinco años siguientes al Concilio Vaticano II; se apartaron de la comunión plena con la Iglesia, ya fuera por el tema de la contracepción, el aborto, la homosexualidad o la ordenación de mujeres al sacerdocio. Si un sacerdote está sinceramente convencido de que la doctrina de la Iglesia es errónea en estos o en otros temas, o si simplemente es perezoso y absorbe la cultura de la disidencia por ósmosis, su conciencia se adormece. Y una vez ha dejado que su conciencia se enfrente con languidez a estas cuestiones, es más fácil que consiga acallarla o incluso eliminarla totalmente en las cuestiones que tengan que ver con su propia conducta, incluyendo su conducta sexual. Cuando la presencia de tales conciencias adormecidas alcanza una masa crítica en una diócesis, un seminario o una orden religiosa, da paso a la corrupción intelectual, espiritual y administrativa, pues la cultura de la disidencia busca que esas instituciones se doblequen a sus pretensiones.

Pero todo eso no basta para justificar por entero la crisis de abusos sexuales del clero y liderazgo episcopal en la Iglesia católica norteamericana. Los depredadores sexuales clericales y los obispos malhechores fueron hombres que eligieron un camino por el que ellos, y no simplemente la «época» que les tocó vivir, son responsables. Y aun así, la cultura de la disidencia tiene buena parte de culpa de lo que pasó. Desde un punto de vista histórico, la gente preparada sabe y entiende que la corrupción sexual del clero ha sido y siempre será un problema para la Iglesia. Pero no hay explicación posible para la amplitud de la corrupción que salió a la luz a principios del año 2002 ni para la falta de respuestas efectivas de algunos obispos si no tenemos en cuenta el cisma invisible que la cultura de la disidencia había creado en la Iglesia católica de Estados Unidos. Es seguro que ese cisma se produjo en primer lugar en las mentes y almas de muchos clérigos y algunos obispos. Lo que ahora se ha puesto de manifiesto con claridad son los graves efectos institucionales de ese cisma.

Las ideas tienen consecuencias. La disidencia es una cuestión de ideas. La disidencia y la aquiescencia institucional con que ésta fue recibida han tenido consecuencias terribles para la gente de la Iglesia y para la reputación pública del catolicismo. La crisis que la tregua de 1968 intentó evitar ya se ha producido, y ahora no hay tregua que pueda arreglarla.

CAPÍTULO CUATRO
Por qué fallaron los obispos

Cuando el papa Juan Pablo II pidió a los arzobispos norteamericanos que se reunieran con los líderes de la curia romana en marzo de 1989 para exponer sus diferencias e intentar alcanzar un acuerdo sobre el papel de los obispos locales en la Iglesia post Vaticano II, la tensión entre el Vaticano y los líderes de la Conferencia Episcopal de Estados Unidos llevaba años creciendo. Aunque las diferencias se referían a muchos temas específicos, se podían reducir con facilidad a dos percepciones distintas de la situación. Algunos de los estadounidenses creían que las autoridades de Roma no se daban completa cuenta de las dificultades de la Iglesia local en una cultura democrática consolidada como la de Estados Unidos. Algunos altos cargos romanos creían que los obispos norteamericanos habían olvidado que su principal labor era ser maestros autorizados de la plenitud de la fe católica. Juan Pablo II creía que debatir conjuntamente sobre esas diferentes posturas llevaría a tener una mejor relación de trabajo futura entre Roma y la Iglesia de Estados Unidos.

En aquella reunión de tres días, el 8 de marzo de 1989, se llegó pronto al tema principal, que, como siempre en la Iglesia, era un tema teológico, el arzobispo John May, de Saint Louis, presidente de la Conferencia Episcopal de Norteamérica, defendió la postura de los obispos de su país. El arzobispo May dijo que en Norteamérica se miraba con muy malos ojos el «autoritarismo». Para los obispos de Estados Unidos, el hecho de afirmar que «hay una doctrina de la Iglesia que une y desune por toda la eternidad» era «un signo de contradicción» dentro de la cultura moderna estadounidense, sobre todo porque muchos norteamericanos, incluyendo a los católicos, parecían creer que «el derecho divino de los obispos [está] tan pasado de moda como el derecho divino de los reyes». El arzobispo concluyó diciendo que ésa era la «atmósfera» en que los obispos estadounidenses tenían que trabajar.

Respondió al documento del arzobispo May el cardenal Joseph Ratzinger, prefecto de la Congregación para la Doctrina de la Fe y uno de los teólogos más distinguidos del catolicismo contemporáneo. No le convenció en absoluto el análisis del arzobispo. Lo que el arzobispo May presentaba como un problema peculiar de la sociedad norteamericana era, en realidad, un problema común a todas las sociedades modernas, en las que se había vuelto borrosa la distinción entre imposición autoritaria y enseñanza autorizada. ¿Por qué se había vuelto borrosa? Porque el mundo contemporáneo, en su justa búsqueda de la libertad, había confundido la libertad con la testarudez, con el hacer las cosas «a mi manera». A raíz de este error se había llegado a una falsa conclusión sobre la Iglesia, y eso a su vez había provocado una crisis de identidad entre los obispos. Esa falsa conclusión consistía en afirmar que tras toda enseñanza autorizada se escondía un interés partidista dentro de un juego de poder. Temiendo ser tachados de partidistas o autoritarios, demasiados obispos creyeron que su tarea se limitaba a ser una especie de moderadores de grupos de debate cuyo principal objetivo se centraba en que la conversación no se agotara y en que todos los implicados quedaran razonablemente satisfechos con el debate en curso.

No es ya que eso fuera, ni siquiera primordialmente, mala gestión, sino que era mala teología. El acto de fe no es un acto político. Si ellos mismos no eran testigos convencidos y efectivos de la verdad del catolicismo (las verdades que la Iglesia debe proclamar al mundo), no es posible que pudieran pedir a su gente que lo fuera. El cardenal Ratzinger no hizo concesiones en este punto: «El rasgo definitorio de la verdad es que merece la pena sufrir por ella. El evangelista debe ser también un mártir en el sentido más profundo del término. Si no está dispuesto a serlo, no debería poner la mano sobre el arado.»

Precisamente porque fueron ordenados para ser evangelistas, los obispos tenían la responsabilidad de hacer sitio en la Iglesia para el «debate intelectual» serio, continuó Ratzinger. Los obispos también tenían que «estar dispuestos a aprender y a aceptar sus errores». No obstante, en primer lugar y antes que nada, los obispos debían recordar que eran los guardianes y los maestros de una tradición autorizada, una tradición redentora que liberaba y vinculaba a aquellos que aceptaban los riesgos de la aventura de la fe católica.

En su discurso inaugural, el arzobispo May había elogiado al papa Juan Pablo II por ser un testigo y un evangelista eficaz, diciendo que «Nadie sabe más sobre difundir el Evangelio que usted, Santo Padre». Aun así, la mención que el arzobispo May había hecho sobre el «autoritarismo» y su extraño paralelismo entre el mandato consagrado de los obispos para ser maestros de la fe católica y el derecho divino de los reyes deja entrever que tanto él como los obispos norteamericanos a los que representaba habían pasado por alto algo crucial sobre Juan Pablo II. Ya fuera como sacerdote, obispo diocesano u obispo de Roma, Karol Wojtyla había sido un evangelizador eficaz, incluso magnético, porque predicaba un Evangelio que no se avergonzaba de sí mismo, un Evangelio compasivo, pero también sin concesiones. Juan Pablo II no se había convertido en el papa que más atraía al Evangelio desde hacía muchos siglos predicando un catolicismo *light*; se había convertido en un imán para la gente joven y en un punto de referencia moral para todo el planeta precisamente porque hablaba con la voz de la verdad al poder, tanto al poder político como al extraordinario poder de la cultura de «lo he hecho a mi manera». Más aún, había reforzado esa verdad con el transparente y honrado testimonio de su propia vida.

Este intercambio entre el arzobispo May y el cardenal Ratzinger dejó expuestos una serie de temas que al final llevaron a la dimensión episcopal de la crisis católica de 2002. Por causa de los tremendos errores de liderazgo de demasiados obispos, un grave problema de abusos sexuales del clero sobre el que la Iglesia católica podía y debería haber actuado con contundencia se transformó en una crisis que amenazó la integridad de la Iglesia misma. Este mal gobierno episcopal se produjo de muchas formas: obispos que desdeñaron actuar contra los abusos sexuales; obispos que, conscientemente, trasladaron de parroquia a los que habían cometido abusos sexuales y luego negaron haber hecho tal cosa; obispos que engañaron a otros obispos sobre el pasado de conocidos delincuentes sexuales; obispos que se enfrentaron a la crisis de abusos sexuales como si fuera un problema legal y financiero; obispos que trataron de apartar la atención de los medios sobre su propia culpabilidad intentando ganarse el favor de éstos sacando a la palestra las cuestiones del celibato y la ética sexual católica; obispos que estaban demasiado dispuestos a echarle la culpa a la prensa de todos sus problemas; obispos que trazaron analogías insultantes entre los deslices sexuales de los católicos laicos y los sacerdotes que sodomizaban a menores; obispos que, al menos en el ejercicio de su cargo público, mostraron desprecio y falta de preocupación pastoral por las víctimas de los abusos y sus familias; obispos que hicieron oídos sordos a los buenos consejos que recibieron, o no supieron distinguir entre los buenos consejos y los estúpidos; obispos que se dejaron dominar por sus burócratas; obispos que no supieron ganarse a sus seminarios; obispos que fallaron a su obligación de ser como padres para sus sacerdotes; obispos que, cuando al final se vieron obligados a enfrentarse públicamente al escándalo, hablaron en gélido lenguaje legal y con jerga psicológica en lugar de con el lenguaje exigente y saludable del Evangelio, el lenguaje del pecado, la penitencia y la redención.

Precisamente porque tantos obispos se convirtieron en objetivos fáciles cuando la crisis salió a la luz a principios de 2002, debemos subrayar una y otra vez que otros obispos, cuando en el pasado emergió un escándalo que implicaba abusos sexuales por parte de un sacerdote, supieron tomar el tema de su mano, enfrentarse de forma efectiva al problema y conseguir como resultado el fortalecimiento de su iglesia local. La diócesis de Fall River, en Massachusetts, que había sido asolada a principios de los noventa a causa de las revelaciones sobre uno de los más terribles depredadores sexuales, James Porter, estaba en el año 2002 camino de la recuperación gracias al eficaz liderazgo de su obispo, Sean O'Malley, O. F. M. Cap. Pero apenas a unos kilómetros, en Boston, epicentro de la primera fase de la crisis de 2002, no supieron aprender las lecciones que enseñaba el caso de Fall River. Denver, que probablemente es la archidiócesis metropolitana con más vitalidad de todo Estados Unidos, sufrió una serie de escándalos de abusos sexuales en las décadas de los ochenta y los noventa. Pero el valiente liderazgo de dos arzobispos, J. Francis Stafford y Charles Chaput, O. F. M. Cap., convirtió lo que podía haber sido el fin de la archidiócesis en una gran oportunidad para emprender una verdadera reforma, especialmente en el seminario de Denver, que ahora está atrayendo vocaciones sacerdotales de todos los rincones de Estados Unidos.

Se podrían añadir otros ejemplos de esta clase de liderazgo, que es el que los católicos tienen el derecho de esperar de sus obispos. Pero incluso cuando tenemos en cuenta esos casos, la situación general es muy desalentadora. Un número increíble de obispos no supo actuar vigorosamente contra la crisis de identidad de los sacerdotes ni contra los escándalos de abusos sexuales que trajo como consecuencia. Y fue así cómo un grave problema se convirtió en una auténtica crisis. Aunque la crisis tiene varias causas, no deja de ser cierto que los obispos de Estados Unidos han conducido a la Iglesia a la crisis actual. Para que la salida de la crisis sea auténticamente católica, son los obispos los que van a tener que guiar a la Iglesia desde la crisis a la oportunidad y desde el escándalo a la reforma. Qué tipo de hombres podrían lograrlo es un tema que trataremos más adelante. Lo que nos interesa aquí es *¿cómo es posible que hicieran lo que hicieron?* Responder a esta pregunta de forma correcta tiene mucho que ver con si la actual crisis se convierte en la oportunidad de una reforma auténticamente católica.

Una crisis de identidad

Se ha abusado mucho de la expresión «crisis de identidad», pero en el tema que estamos tratando va directamente al núcleo de la cuestión. De la misma forma que los sacerdotes que realmente creen ser lo que la Iglesia católica les enseña que son (iconos vivos del sacerdocio eterno de Jesucristo) no se comportan como depredadores sexuales, los obispos que realmente creen ser lo que la Iglesia les enseña que son (sucesores de los apóstoles, que hacen presente en la Iglesia a Cristo el Buen Pastor) no se comportan de la manera en que lo han hecho demasiados obispos de Estados Unidos: como directivos, y no como pastores que también son maestros autorizados. La esencia del problema se resume en una de las frases más desafortunadas de toda la crisis: la extraña afirmación de que los sacerdotes son «trabajadores subcontratados» y no miembros de un clero que participa de una unión sacramental con el obispo al servicio de la iglesia local. El entonces obispo Edward Egan, de Bridgeport, Connecticut, se sirvió del concepto de que los sacerdotes eran «trabajadores subcontratados» en una declaración ante un tribunal, intentando con ello proteger a su diócesis de los insaciables abogados que llevan casos de responsabilidad civil. Fueran cuales fuesen los méritos o defectos de esta estrategia legal, esta imprudente descripción de los sacerdotes, los obispos, su identidad y su relación en el seno de la Iglesia va directa a las raíces de la crisis de abusos sexuales y mal gobierno de los obispos.

Como siempre sucede en el catolicismo, las cuestiones cruciales en juego son de carácter doctrinal y teológico. Cuando un hombre recibe la ordenación episcopal debemos tener claro que ello no es, primordialmente, un ascenso. Está aceptando, ante Cristo y ante la Iglesia, ser depositario de una gran responsabilidad. Se compromete a ser el pastor de su Iglesia local, el primer maestro y guardián de la verdad católica en su diócesis, y a ser un padre para sus sacerdotes, que durante la ordenación ponen sus manos entre las del obispo y le prometen «obediencia y respeto». Por eso, durante la ordenación episcopal, se pone sobre el cuello del obispo el Evangelio. El Evangelio es el yugo que ha cargado libremente al aceptar el cargo de obispo.

Nadie debe subestimar la importancia de la labor del obispo ni el peso de la responsabilidad que asume. Debe responder ante Dios no sólo de su propia alma, sino también de aquellas que están encomendadas a su cuidado. Su propia salvación está ligada a la de su gente. Y por eso a los obispos se les da un anillo durante la ordenación. El anillo episcopal no es un resquicio del medioevo que representa una relación feudal; el anillo episcopal es un anillo de boda, un signo del matrimonio que el obispo contrae con su gente para siempre, en la fortuna y en la adversidad, en la riqueza y en la pobreza, en la salud y en la enfermedad, incluso con riesgo para su propia vida.

Es muy instructivo ver cómo, cuando la crisis irrumpió en los medios durante la primera mitad de 2002, el unánime enfado de los católicos norteamericanos no se dirigió principalmente hacia sus sacerdotes, sino hacia sus obispos. El instinto no les falló a los católicos y su reacción no puede atribuirse a que hubiera una campaña mediática contra los obispos (aunque es cierto que a algunos periodistas, columnistas y editores les habría gustado bajarles los humos a los obispos, o apagárselos del todo). El enfado que los católicos sentían hacia sus obispos confirmó que, incluso tras décadas de confusión sobre la naturaleza y las estructuras de la autoridad en la Iglesia, los católicos aún esperan de los hombres que reverencian como pastores un liderazgo fuerte y activo. Los católicos quieren ser fieles y quieren obispos que los desafíen a ser fieles y cuya vida sea un ejemplo de valiente seguimiento de Cristo. Por mucho que la cultura de la disidencia hable de «democratizar» la Iglesia, la ira de los católicos de Estados Unidos contra sus obispos es una prueba evidente de que los católicos quieren y exigen de sus obispos un liderazgo sólido y autorizado. No hace falta decir (o no debería hacer falta hacerlo) que el liderazgo eficaz es aquel que se gana la confianza de la gente, en parte a través de amplias consultas. Pero al fin y al cabo, lo que sigue quedando es el obispo local. Ésta es la verdad de la fe católica que la gran mayoría de los católicos estadounidenses han reafirmado durante la crisis de 2002.

«Guía» es un concepto difícil de entender para la cultura contemporánea americana, ya sea la guía del papado en la Iglesia mundial, la guía del obispo sobre la diócesis o la guía del sacerdote en su parroquia. Pero cuando los obispos no aceptan sus responsabilidades y además tampoco se dan cuenta de su actitud irresponsable o intentan echar la «culpa» a los expertos, a los abogados o a los medios, los católicos saben, instintivamente, que algo está funcionando muy mal. Ese «algo» es la falta de guía, que es un término más bíblico para decir «responsabilidad». Cuando los obispos actúan de forma irresponsable, cuando no son capaces de ser pastores y guías de sus sacerdotes y su gente, es que hay muchos factores en juego, tanto personales como institucionales. Pero la causa más profunda de la crisis de mal gobierno episcopal es, no obstante, teológica. Los obispos no han logrado vivir la verdad de quién y qué son. Y no lo han logrado porque no han creído lo suficiente, con el poder que ello otorga para cambiar toda una vida, en lo que la Iglesia católica les enseña que son. Demasiados obispos de Estados Unidos han cambiado el rico patrimonio evangélico, pastoral y sacramental que les corresponde por el confuso potaje de la teoría de dirección de empresas contemporánea.

La jaula de la burocracia

La crisis de identidad de los obispos, que ha sido lanzada a la brillante e inmisericorde luz del escrutinio público por la más amplia crisis católica del año 2002, se estuvo gestando durante el período que siguió al Vaticano II. Sólo este dato ilustra con claridad el principio de que el infierno está lleno de virtudes y de que no hay una sola buena acción que quede sin su correspondiente castigo, pues el Vaticano II pretendía reafirmar el ministerio de los obispos locales, y no que establecieran una analogía entre su cargo y el de un directivo local de una empresa multinacional. El concilio enseñó que cada obispo ejerce verdaderamente de pastor en su diócesis, y no se limita a transmitir y a cumplir las órdenes que le llegan desde la sede central de Roma. Así pues, una de las cosas que nos muestra la crisis actual es que las enseñanzas del Vaticano II sobre el episcopado no han calado en la Iglesia tan profundamente como se había pensado, ni siquiera bajo el liderazgo de un papa tan dinámico como Juan Pablo II.

La crisis teológica de identidad episcopal fue exacerbada por varios factores de la vida católica de Estados Unidos. Los estudiantes de la historia del catolicismo seguirán discutiendo cuál de ellos tuvo un mayor o menor peso en las décadas que están por venir. La crisis de abusos sexuales del clero y el mal gobierno de los obispos, no obstante, han puesto destacadamente de manifiesto uno de esos factores: la intensa burocratización de la Iglesia católica en Estados Unidos. Esta burocratización afectó a todos los niveles, desde la parroquia local hasta la Conferencia Episcopal, pasando por las diócesis.

Aunque no hay ningún estudio científico sobre esta cuestión, tres décadas y media de experiencia y pruebas circunstanciales sugieren que la diócesis típica hoy tiene al menos el doble, y a veces cuatro o cinco veces más, de responsables, trabajadores y burócratas que la diócesis típica de, por ejemplo, 1963. En parte esto se debe a la expansión del ministerio social de la Iglesia católica y la necesaria profesionalización de algunas actividades católicas, entre las cuales destaca la educación. También podemos asumir como hipótesis razonable, no obstante, que esta gran expansión del funcionariado eclesiástico tiene que ver con la adopción de forma acrítica por parte de la Iglesia católica de la tendencia general norteamericana hacia la burocratización, y específicamente de la inmensa burocracia de las principales confesiones protestantes.

Esta burocratización ha tenido numerosas consecuencias. Ha requerido un tremendo aumento de los recursos económicos que la Iglesia necesita dirigir hacia la administración (a pesar de que los burócratas católicos a menudo trabajan por sueldos mucho menores de los que obtendrían en cualquier otro lugar por el mismo trabajo). Ha hecho que la toma de decisiones sea muy lenta, pues cada iniciativa, sea cual sea su origen (incluso si proviene del obispo), tiene que ser asignada a alguien, revisada, pasar por varios comités, volver a revisarse, etc. Por eso los sacerdotes y los obispos pasan una cantidad desproporcionada de su tiempo en reuniones. Puesto que el tiempo es un recurso escaso, eso a menudo quiere decir que han tenido que restarlo de la oración, el estudio, la escritura, la enseñanza, la predicación y, en general, de estar presentes ante la gente de la Iglesia en sus hogares, escuelas, residencias y hospitales. Esta manía por las reuniones también ha erosionado, lenta pero inevitablemente, la convicción de ser la guía de su gente que deben tener tanto los sacerdotes como los obispos. Las estructuras que se crearon para ser puramente consultivas a menudo actúan como si fueran órganos de deliberación, y muchas veces es el valiente obispo o sacerdote el que tiene que insistir, no por «autoritarismo», sino por ser fiel a la estructura que Dios le dio a la Iglesia, en que la decisión final tiene que ser suya si es que se desea que la parroquia o la diócesis funcionen como manda la Iglesia católica y no como lo hacen otras confesiones.

 La burocratización, pues, fue un factor en lo que podemos llamar la «confesionalización» del catolicismo en Estados Unidos. Y esto también ha creado graves dificultades teológicas, pues la Iglesia católica ni es ni puede ser una «confesión»[1] tal y como se entiende este término en Norteamérica. Una confesión no tiene forma establecida, sino una estructura que puede ser modificada según la voluntad de sus miembros. La Iglesia católica tiene la forma que le fue dada por Cristo, y esa forma conlleva ciertas verdades (por ejemplo, los sacramentos) y cier-

---

 1. El autor se refiere a que la Iglesia, por su burocracia, puede confundirse con una confesión más, como sucede con las confesiones protestantes. El término inglés es «denomination», que no es usual en castellano. *(N. del e.)*

tas estructuras (por ejemplo, los obispos) que no son susceptibles de cambio. Esa «forma» dada por Cristo es la que sirve para medir la bondad de la estructura de la Iglesia, y la Iglesia local no tiene la potestad de juzgarla.

Una confesión tiene otras características que, por decirlo suavemente, no se corresponden con la manera clásica en que la Iglesia católica se entiende a sí misma. En una confesión, el proceso burocrático suele ser más importante que las doctrinas claras y vinculantes. En una confesión, que la fe tenga fronteras porosas y cambiantes no presenta graves problemas, pues lo más importante es mantener entero al grupo de creyentes y no juzgar sobre según qué temas es crucial para lograrlo. En una confesión, la principal cualidad del líder es saber moderar el inacabable debate sobre «quiénes somos». Ninguna de estas características fundamentales de las confesiones norteamericanas tiene nada que ver con la Iglesia católica tal y como se ha entendido a sí misma en los últimos dos milenios. Y, aun así, la Iglesia de hoy muestra estos rasgos en mayor o menor grado.

Todo esto ha tenido un efecto corrosivo en el cargo de obispo en Estados Unidos, y especialmente en la manera en como los obispos se entienden a sí mismos. La crisis actual ha evidenciado otra de las desgraciadas características de las burocracias: las dificultades que tienen cuando se enfrentan a problemas graves. Las burocracias son, en todas partes, enemigas de la confrontación. Los graves problemas de abusos sexuales del clero y la cultura de la disidencia que los hizo posibles han dejado dolorosamente claro que a veces la confrontación es necesaria. Cuando los obispos locales delegaron áreas claves de su responsabilidad en burócratas o incluso en sacerdotes, inevitablemente perdieron parte de su mandato sacramental para gobernar, y su liderazgo quedó inevitablemente debilitado. Esto, entre otras cosas, es lo que parece haber sucedido en Boston. El problema de Boston no es que el cardenal Bernard Law fuera «autoritario». Buena parte del problema es que el cardenal había delegado demasiadas responsabilidades en sus subordinados. Una dosis saludable de liderazgo episcopal decisivo y convincente —de «guía», por usar el término bíblico— habría evitado a la archidiócesis de Boston ser el epicentro de la primera fase de la crisis de 2002.

El viejo y el nuevo clericalismo

El clericalismo pasado de moda ha sido un factor que ha contribuido a crear la crisis de mal gobierno episcopal en la Iglesia católica estadounidense, pero también ha contribuido a ello una nueva forma de clericalismo, que es el gobernar a través de burócratas. Los obispos se equivocaron al pensar que su autoridad quedaría comprometida si colaboraban mucho con laicos que tuvieran experiencia fuera del compacto mundo de la burocracia eclesiástica. Estos obispos pronto se encontraron nadando en aguas demasiado profundas. Lo mismo les pasó a los obispos que depositaron demasiada confianza en la subdivisión clerical de la burocracia católica. Hay muchos abogados y académicos de derecho de gran mérito en la archidiócesis de Boston, de igual forma que también hay muchos eminentes ciudadanos de Nueva Inglaterra que saben cómo llevar un caso en los tribunales de forma eficaz. Pero la archidiócesis recibió, según sabemos, consejos legales muy deficientes al irse produciendo los diversos escándalos, y su estrategia de relaciones públicas fue tan mala que es difícil pensar cómo podría haber sido peor. Los e-mails intercambiados entre el cardenal Roger Mahony de Los Ángeles y muchos de sus subordinados burocráticos revelaron la cara más deprimente del nuevo clericalismo. Estas conversaciones se conducían usando un extraño código, muy centrado en la «gestión de la crisis» y en reparar los fallos del proceso burocrático, mientras que nada se decía acerca del hecho de que el problema de transferir a reconocidos delincuentes sexuales de una parroquia a otra era, en realidad, un error de dirección que estaba causando un gravísimo escándalo religioso y moral.

La Iglesia católica nos dice que la autoridad episcopal se confiere por completo a un hombre que es ordenado obispo y que toma posesión de su diócesis en comunión con el obispo de Roma. Pero demasiados obispos en Estados Unidos parecen haber olvidado que aunque la autoridad viene conferida por la ordenación, el liderazgo se consigue a base de los actos de cada uno, y hay que ganárselo una vez y volver a ganarlo de nuevo, en un proceso que al cabo del tiempo consigue granjear la confianza de colegas y subordinados. El obispo es un guía por gracia de la ordenación sagrada. Que sea un líder efectivo no es algo que se dé por supuesto, sino algo que el obispo debe demostrar. Y el liderazgo efectivo no puede darse ni demostrarse si el obispo está secuestrado por el clericalismo, ya sea en su antigua o en su nueva y burocrática forma.

El triunfo de la psicoterapia

Que los estadounidenses viven en una cultura saturada de imaginería psicológica (y psicojerga) quedó claro desde el brillante estudio que Philip Rieff hizo en 1965, *The Triumph of the Therapeutic*. Lo que la crisis actual ha demostrado es hasta qué punto el liderazgo episcopal se ha visto afectado y erosionado por este esquema mental.

Cuando la crisis llevaba seis meses desarrollándose, bastantes obispos, incluido el cardenal Law de Boston, admitían que se habían fiado demasiado de lo que les habían dicho los psicólogos y los psiquiatras. Y era muy cierto. Quizá el documento más sorprendente que salió a la luz pública durante la primera fase de la crisis de 2002 fue la última evaluación clínica del pedófilo John Geoghan. La evaluación fue llevada a cabo por el St. Luke's Institute, un eminente centro de terapia de Silver Spring, Maryland, que fue fundado para tratar a los miembros del clero con problemas. El *Boston Herald* se hizo con la evaluación de Geoghan, que pronto acabó en Internet. La evaluación tenía un apartado de «evaluación espiritual» realizado por un sacerdote que había sido director de St. Luke's. Lo que decía era al principio increíble, luego escalofriante: «El padre [Canice] Connors afirma que no hay recomendaciones especiales sobre su vida espiritual [del Padre Geoghan], pues recibe dirección espiritual y parece llevar una buena vida de oración. La cuestión clave para el padre Geoghan parece ser si ha sido capaz alguna vez de integrar su experiencia psicológica con sus valores espirituales.»

¿Un hombre ha estado violando a niños durante décadas y un centro de terapia católico no tiene «recomendaciones especiales sobre su vida espiritual», sólo porque el hombre utiliza su breviario y porque habla con su director espiritual? Por favor. Y luego está la cuestión de «integrar». Para el profano, parece que el problema de John Geoghan no era la falta de integración, sino que había logrado, de forma perversa, integrar demasiado bien su «experiencia psicológica» con sus «valores espirituales», de modo que éstos ya no constituían un freno a su pedofilia.

También resulta sorprendente que la «evaluación espiritual» de John Geoghan por el St. Luke's Institute no intentara explorar las creencias de aquel hombre, ni siquiera a un nivel elemental: ¿creía en Dios? ¿Creía que Dios puede hacernos saber su voluntad? ¿Aceptaba el credo de la Iglesia y su doctrina sobre ética sexual? ¿Creía en el pecado? ¿En el castigo al pecado? ¿Entendía qué condiciones eran necesarias para hacer una confesión sacramentalmente válida? ¿Creía en la salvación o la temía? ¿Cuál era su teología sobre el sacerdocio? De nuevo para el profano, parece que tras esta evaluación seguimos sin saber quién era Geoghan o, como diría un adolescente, de qué iba. Lo que es aún más sorprendente es que el sacerdote-evaluador (un hombre al que los obispos de Estados Unidos consultaron a menudo sobre casos de abusos sexuales) parece asumir que estas cuestiones de fe no tienen absolutamente nada que ver con su «evaluación espiritual» de un depredador sexual del clero. Y es en este detalle donde el triunfo de la terapia se hace más perturbador.

¿Por qué los obispos depositaron una confianza tal en la psicología y la psiquiatría —dos de las ciencias más fluctuantes— a la hora de asesorarse en casos de abusos sexuales del clero? ¿Por qué, al menos en bastantes casos, estos obispos aceptaron consejos de psicoterapeutas que se sabía que mantenían posiciones opuestas a la ética sexual católica, particularmente en lo relativo a la homosexualidad? Nadie medianamente serio duda de que la psicología y la psiquiatría pueden ayudar a tratar problemas de abusos sexuales del clero. La cuestión aquí es por qué tantos obispos parecían dispuestos a cederles en estos casos a los psicoterapeutas un enorme grado de autoridad para analizar y tomar decisiones. No podemos ignorar el encanto que tiene para la sociedad norteamericana el culto a la profesionalización, pero obispos que hubieran creído sinceramente en su vocación como pastores espirituales deberían haber ejercido mayor supervisión y mayor cautela en esta área. Una vez más volvemos a la cuestión de guía, o, más exactamente, de la ausencia de guía.

Los trabajos de la compasión

La psicoterapia triunfante reforzó la tendencia de algunos obispos estadounidenses a separar en el ejercicio de su autoridad la compasión, una virtud cristiana, de la seriedad teológica. La consecuencia fue que olvidaron un importante aspecto de la particular manera con que la Iglesia se ha enfrentado al atávico problema de la conducta sexual impropia del clero.

La antigua tradición católica, codificada en la ley canónica, siempre ha sostenido que algunos pecados graves hacen que un hombre quede excluido para siempre de continuar ejerciendo públicamente el sacerdocio. El tema no es aquí el simple castigo, sino la iconografía. Un sacerdote que abusa sexualmente de niños se ha deshonrado a sí mismo de forma aberrante como representación viva de Cristo, que pidió que los niños se acercaran a Él (Lucas, 18.16). Un sacerdote que abusa sexualmente de menores prepúberes de forma habitual es casi con toda certeza culpable del pecado de seducción, así como del específico pecado de sodomía o fornicación. ¿Es que si alguien comete estos pecados habitualmente no debe considerársele incapaz de manifestar la paternidad espiritual, que es la esencia del sacerdote católico? Éstas son cuestiones fundamentalmente teológicas, no sólo cuestiones de «disciplina de la Iglesia». Tienen que ver con lo que un sacerdote *es*, lo que a su vez determina lo que un sacerdote hace y lo que no debe hacer, a riesgo de dañar su sacerdocio.

Cuando un obispo ha descuidado su propia obligación paternal respecto a sus sacerdotes, cuando se ha acostumbrado a tratar los abusos sexuales en el clero como un tema puramente de disciplina, y cuando las presiones de la cultura de la psicoterapia comienzan a hacer mella en él, una virtud tan noble como la compasión puede transformarse en un vicio: la irresponsabilidad episcopal. Ese obispo no consigue comprender que hay algunos actos que hacen que un hombre quede descalificado para el ministerio sacerdotal. Y así, el obispo recicla en otras de sus parroquias (o en otras diócesis) a hombres que son tanto una amenaza para sus víctimas potenciales como iconos irreparablemente desfigurados.

En suma, otro preocupante aspecto de la crisis de liderazgo episcopal de 2002 fue lo que sólo puede llamarse deficiente teología del sacerdocio implícita en la manera en que algunos obispos trataron los peores pecados sexuales del clero.

No parecer «conservador»

Durante al menos treinta años, los obispos católicos de Estados Unidos se han negado a aceptar la política editorial del *New York Times*, que sostiene que el caso de Roe vs. Wade, juzgado por la Corte Suprema en 1973, estableció para siempre la legalización del aborto. En lugar de eso, los obispos insistieron en que la permisión del aborto era un tema de justicia pública, no de moralidad sexual, y que un derecho particular de cometer un acto letal de violencia (el aborto) por motivos personales (resolver el problema de un embarazo no deseado) era una profunda amenaza para la democracia y también un grave crimen contra la víctima (el nonato).

Los obispos no sólo aportaron razones en este sentido. Crearon y financiaron un secretariado pro vida (dirigido por mujeres inteligentes y duras) en la sede central de la Conferencia Episcopal y establecieron sucursales pro vida en prácticamente todas las diócesis de la nación. Abrieron centros de asesoramiento para embarazadas y aportaron ayuda personal, médica y económica a las mujeres que buscaban alternativas al aborto.

También apoyaron el «Proyecto Raquel», un programa de asesoramiento y renovación espiritual para mujeres que estuvieran sufriendo de estrés postraumático tras un aborto. A menudo se encontraba a los obispos norteamericanos testificando en los parlamentos de algunos estados o ante el congreso, exigiendo protección legal para el nonato y, más adelante, cuando se avivó el debate sobre la eutanasia, para el enfermo terminal.

Mediante todo esto, los obispos ayudaron a mujeres en crisis y ofrecieron un gran servicio a la sociedad. Al recordarle a Norteamérica que su historia es una historia de inclusión en la comunidad, de protección y preocupación por todos sus miembros, los obispos pro vida hicieron que Estados Unidos volviera a recuperar sus impulsos más nobles. La Iglesia católica es un participante destacado de los movimientos pro vida en todo el mundo, pero se puede decir con seguridad que ninguna jerarquía nacional ha invertido tanto en esta causa, o ha defendido el derecho a la vida tan vigorosamente, como los obispos de Estados Unidos.

Pero curiosamente esa defensa ha tenido un curioso efecto en las mentes de muchos obispos.

En la época de la segunda guerra mundial se solía decir que no había ningún obispo católico cuyos padres hubieran ido a la universidad. Hoy en día es posible que muchos de los padres de los actuales obispos fueran licenciados, pero como cuerpo, el episcopado aún refleja la demografía católica de mediados del siglo XX, basada en la clase trabajadora y la clase media baja, así como sus profundos vínculos con el Partido Demócrata, particularmente en los barrios urbanos con alto componente étnico. Si a eso le añadimos el hecho de que muchos obispos norteamericanos eran activistas por los derechos civiles durante los sesenta (quizá el más conocido sea Bernard F. Law) y también que todos ellos están comprometidos por la doctrina social de la Iglesia católica a mostrar especial preocupación por los pobres, no es complicado entender por qué los obispos católicos de Estados Unidos, individual y colectivamente, han sido muy reticentes a que se los identificase con la política conservadora o neoconservadora, que es donde su defensa pro vida los hubiera situado. La inmensa mayoría de los obispos católicos de Estados Unidos se sienten, en una palabra, incómodos, e incluso se enfadan cuando alguien les dice que son políticamente conservadores. No les importa, por otro lado, que se los califique como progresistas, mientras se tenga en cuenta que es un progresismo pro vida.

Esta insistencia en que «no somos conservadores» no ha sido bien recibida, sobre todo entre los medios de comunicación, para los cuales el tema del aborto es el test que separa a la derecha de la izquierda en la vida pública norteamericana. Los problemas de imagen de los obispos con la prensa aumentaron cuando el papa Juan Pablo II declaró en 1994, de forma definitiva, que la Iglesia católica carecía de la autoridad para ordenar mujeres al sacerdocio. Una Iglesia que los partidarios del aborto ya habían calificado de «antimujer» podía ser ahora caricaturizada como irremediablemente misógina gracias a que el papa había reafirmado ese punto de la tradicional doctrina católica. Y bastantes obispos también encontraban incómodo vivir con esto.

Debido a estos múltiples y conflictivos procesos, muchos obispos de Estados Unidos, que se sentían atascados con una compañía política y cultural que no deseaban en los temas pro vida y de ordenación de mujeres, estaban ansiosos por parecer «progresistas» en tantos otros temas como fuera posible. Así pues, su propia formación y la doctrina social de la Iglesia —al menos en la interpretación convencional de la Conferencia Episcopal— hacía propensos a estos obispos a políticas más progresistas en temas económicos y de política exterior. Pero su determinación de no parecer «conservadores» era al menos una motivación poderosa entre aquellos obispos (y no eran pocos) que no estaban familiarizados con la evolución de la doctrina social católica en las últimas décadas.

Esta determinación de no parecer «conservadores», que encajaba perfectamente con lo que los obispos habían absorbido de la cultura de la psicoterapia, parece haber creado un pavor a parecer «sentenciosos» u «homófobos» al tratar los casos de abusos sexuales del clero. A principios de los noventa los obispos seguramente sabían que la inmensa mayoría de los casos de abusos tenían como víctimas a adolescentes y jóvenes y como perpetradores a sacerdotes homosexuales. Y, aun así, actuaron con extrema lentitud. ¿Por qué? Estaban decididos a parecer progresistas en temas sociales que no fueran el aborto o la eutanasia, y tenían miedo de que a la retahíla habitual de descalificaciones que la alta cultura americana lanzaba contra la Iglesia católica se añadiera «homofobia» a «misoginia». Eso limitó la capacidad de los obispos para enfrentarse vigorosamente con el estallido del escándalo de abusos sexuales del clero.

Espíritu de club

Cualquiera que haya pasado el suficiente tiempo de ocio con un obispo católico es probable que haya quedado impresionado. Muchos obispos son hombres carismáticos, cálidos, informados, amigables y a veces muy graciosos. La suya es una división especial de la anteriormente mencionada fraternidad del sacerdocio católico. Puede ser un ambiente social muy atractivo.

También puede causar en los obispos, como las dinámicas de fraternidad causaron en los sacerdotes, una actitud defensiva y una mentalidad de gremio que, a lo largo del tiempo, parecen haber contribuido a la erosión del sentido de guía y responsabilidad de más de un obispo.

La impresión de pertenecer a un club de élite para hombres es particularmente evidente, y regularmente reforzada, en las reuniones de la Conferencia Episcopal. Los obispos se reúnen en el salón de actos de algún gran hotel, no en una casa o institución religiosa. Llevan trajes normales y, si uno se olvida de los alzacuellos, la reunión se parece mucho a una reunión de altos directivos de una gran empresa. Y es exactamente de ese modo como se conduce la reunión anual de los obispos. El debate está controlado por dos semáforos (rojo, amarillo y verde) que avisan al obispo de que se le está acabando el tiempo de su intervención. «Debate» es, de hecho, una palabra muy fuerte para describir lo que allí sucede. Esas reuniones se suelen reducir a una cadena de intervenciones individuales, cada una de las cuales puede no tener nada que ver con la que la ha precedido, incluso si versan sobre el mismo tema general. Es decir, no hay un intercambio de ideas real en la Conferencia Episcopal. La única excepción son las escasas sesiones ejecutivas de la conferencia como un todo, pero entonces, a diferencia de lo que sucede en las reuniones normales, las puertas están cerradas a prensa y televisión.

Todo esto refuerza una atmósfera que parece la de un amistoso pero refinado club, una atmósfera que hace que esos hombres se protejan mucho unos a otros y sean muy poco propensos a criticar la forma en que otro ha llevado un problema. Y son mucho menos propensos todavía a pedirse unos a otros responsabilidades por lo que algunos creen que son serias omisiones de obligaciones episcopales. El obispo ideal, al menos según dicta la dinámica de este club, es un hombre que va tirando, no atrae atención, no es rotundo en temas teológicos y no obliga a tomar decisiones a aquellos que son reticentes a hacerlo. La dinámica de este club también puede hacer, aunque parezca contrario a la intuición, que los obispos sean más celosos de sus prerrogativas individuales de lo que lo habrían sido normalmente. Los obispos locales tradicionalmente han sido muy reacios a conceder siquiera una fracción de su poder de decisión local para someterse a normas que abarcaran a toda la nación. Por eso, y por los miedos de Roma a poner límites sobre las prerrogativas legítimas del obispo local, en el año 2002 la Iglesia católica en Estados Unidos no tenía políticas de personal para enfrentarse a la crisis de abusos sexuales.

Los obispos tienden a ser como miembros de un club también en otro aspecto crucial: su primer instinto es siempre hablar unos con otros, y a veces sólo unos con otros, sobre sus problemas más graves. Es un instinto humano muy comprensible. También es una expresión de la doctrina del Vaticano II sobre la colegialidad: los obispos tienen una responsabilidad compartida sobre el gobierno de la Iglesia, una responsabilidad que comparten con, y bajo, el obispo de Roma. Dice mucho a favor de la auténtica fraternidad entre los obispos que sientan que pueden acudir los unos a los otros cuando las cosas se ponen verdaderamente mal. Pero en el caso de la crisis de abusos sexuales, el instinto de club que los llevó a hablar sólo entre sí les hizo un flaco favor a ellos y a la Iglesia. Los expertos laicos y los sacerdotes que no formaban parte de la nueva cultura de la burocracia católica apenas fueron consultados, a pesar de que eran precisamente las personas que estaban en mejor posición para ver lo que algunos obispos obviamente no pudieron ver, o para pedir a los obispos que abrieran los ojos y se enfrentaran con los temas que algunos de ellos evitaron constantemente. Se necesitaban con urgencia «opiniones externas», en el sentido de juicios desde el exterior del club de los obispos y de la burocracia de la Iglesia, pero apenas se buscaron.

El club le falló a sus miembros. Los miembros se fallaron los unos a los otros. Resultó que la colegialidad, para ser verdadera, iba más allá de la atmósfera acogedora, pacífica y entusiasta de un club para hombres.

El fracaso de la imaginación

Evidentemente, hubo muchos factores en el mal gobierno de los obispos que contribuyeron a convertir un grave problema de abusos sexuales en una sangrante crisis católica. El miedo fue uno de ellos: miedo a enfrentarse a los sacerdotes malhechores, miedo a la publicidad negativa, miedo al castigo financiero de los donantes, miedo de parecer inferiores a los demás obispos, miedo de hacer algo que pudiera frustrar futuras ambiciones. En algunos casos es posible que el miedo al chantaje, ya fuera real o emocional, contribuyera a la incapacidad de los obispos para enfrentarse al problema de los abusos, especialmente a los abusos homosexuales. Es seguro que también hubo parte de compasión mal entendida, como también fue una fe mal entendida la que se depositó en la experiencia de los psicólogos y psiquiatras. Muchos obispos padecieron también una asistencia legal deficiente o incompetente. La mayoría de ellos recibieron pésimos consejos de sus gabinetes de comunicación.

Y, no obstante, estos dos últimos factores, si los interpretamos correctamente, nos ayudan a comprender el problema de la mala actuación de los obispos. Un obispo cuyos abogados le aconsejan no encontrarse con una víctima de abusos sexuales ni con la familia de la víctima porque eso podría tener consecuencias legales necesita otros abogados, unos abogados que entiendan lo que es un obispo, y que posean la inteligencia y la habilidad legal de asegurarse de que cuando el obispo ejerce sus responsabilidades de cuidado pastoral no acabe comprometiendo su posición legal ni la de su diócesis. Cuando el obispo no entiende que esto es lo que le hace falta, es él quien tiene la culpa. Un obispo al cual su departamento de comunicación le dice que haga declaraciones anodinas sobre los abusos sexuales por miedo a que una admisión de responsabilidad pueda convertirse en un problema, legal o de otro tipo, necesita que le aconseje sobre relaciones públicas gente que entienda que un obispo que renuncia a su papel como maestro y pastor renuncia al mismo tiempo a su capacidad para gobernar. Cuando un obispo no comprende que esto es lo que le hace falta, es sobre ese obispo sobre el que recae en primer lugar la responsabilidad del fracaso.

Si llevamos el análisis a sus últimas consecuencias, se trata de una cuestión de imaginación y de comprensión de uno mismo. Y eso, para los obispos, es una irreductible cuestión teológica. Repitámoslo: un obispo que genuinamente cree que es lo que la Iglesia católica le enseña que es —el sucesor de los apóstoles que hace presente en la Iglesia actual la dirección viva de Cristo el Buen Pastor— no se comporta como un director de una multinacional que gestiona una crisis en la que no está implicado personalmente más allá de en lo tocante a mantener su puesto de trabajo. Un obispo se tiene que comportar como un apóstol. Debe enseñar la plenitud de la verdad católica sobre la ética sexual sin importarle que eso vaya en contra de la cultura dominante, y debe hacerlo de forma que sus sacerdotes y su gente se sientan atraídos por la aventura de la ortodoxia y la fidelidad. Debe dar ejemplo de fidelidad y de valentía, para que otros puedan sentirse inspirados. Debe condenar, sin matices, lo que debe ser condenado. Debe abrazar como el pastor que es a las víctimas de abusos y hacer lo que esté en su mano para ayudar a su curación. Como un padre, debe exigir a sus sacerdotes que vivan los votos que tanto ellos como él han hecho solemnemente ante Dios y ante la Iglesia. Debe guiar al rebaño con el especial cuidado que el pastor pone en los corderos más débiles.

El mal gobierno episcopal que convirtió un problema en una crisis vino provocado por una pérdida de imaginación y de impulso. Esa pérdida de impulso se había hecho evidente en las últimas tres décadas y media de vida católica en Estados Unidos. Se había hecho evidente en obispos que aprobaban materiales inadecuados para la catequesis, que toleraban abusos en la liturgia y que tenían un miedo paralizante a los teólogos que enseñaban falsedades pero que al mismo tiempo exigían ser considerados auténticos católicos. Ahora, con la crisis de 2002, esa pérdida de ímpetu ha sido expuesta ante la opinión pública. No es que sea lo único que les ha pasado a los obispos desde el Vaticano II, pero es la parte de su historia con la que debemos enfrentarnos ahora, si es que queremos que de esta crisis nazca una verdadera oportunidad de reforma.

Para los obispos y para cualquier católico, recuperar el impulso significa recuperar la pasión por la fidelidad a la plenitud de la verdad católica. La fidelidad requiere coraje. Y el coraje, para los obispos o para cualquier católico del mundo moderno, significa el coraje de ir en contra de la cultura establecida, de ser contracultural.

CAPÍTULO CINCO
Roma y la crisis

En contra de los estereotipos que nos son familiares, la estructura de la Iglesia católica no es una pirámide en la que todo se decide en el vértice y todos los de abajo —obispos, sacerdotes, monjas y laicos— simplemente cumplen órdenes. La estructura de mando en la Iglesia católica es mucho más compleja y mucho más interesante que eso.

Tomemos, por ejemplo, la cuestión de la autoridad del papa. Durante el Concilio Vaticano II, Pablo VI sugirió que el texto básico del Concilio, la *Constitución Dogmática sobre la Iglesia*, incluyera la declaración de que el Pontífice Romano «sólo responde ante Dios». La comisión teológica del concilio le dijo al papa educada pero firmemente que simplemente no era así. Cualquier papa, según subrayó la comisión, es responsable ante la revelación de Dios, ante la estructura fundamental que Cristo dio a la Iglesia, ante los siete sacramentos, ante el credo, ante las definiciones doctrinales de los anteriores concilios ecuménicos y ante «otras obligaciones demasiado numerosas para citarlas todas», según expresaron delicadamente los comisionados.

Entre esas «otras obligaciones» se encuentra la subordinación del papa a la ley moral escrita en la naturaleza y en nuestro interior. Por eso, por ejemplo, la doctrina católica sobre los medios apropiados de planificación familiar no es un tema que dependa de la opinión personal de un papa concreto. Los papas también están subordinados a la verdad de las cosas en general. Un distinguido filósofo católico que se cree extremadamente ortodoxo dijo una vez que «si el papa dijera que dos y dos son cinco, yo le creería». Otro distinguido filósofo, tan comprometido con el papado como su colega, dio con la respuesta correcta y ortodoxa: «Si el papa dijera que dos y dos son cinco, yo diría públicamente: "Quizá no he acabado de entender lo que Su Santidad quería decir." En privado, rezaría por su salud mental.» Los papas, en otras palabras, no son personas que se vayan inventando las cosas sobre la marcha. Son los sirvientes, no los señores, de una tradición autorizada.

La relación entre el papa como la cabeza del colegio de obispos y los obispos locales es mucho más compleja de lo que habitualmente se cree. Como obispo de Roma, el papa es tanto un miembro del colegio de obispos como su cabeza. Evidentemente, el colegio no puede funcionar como tal sin su cabeza. Pero con y bajo su mando, el colegio tiene, según el Vaticano II, una autoridad y una responsabilidad reales respecto a la Iglesia mundial, como también las tienen los obispos locales. Cuando un hombre se convierte en obispo de Fargo, asume una responsabilidad mayor que el pedazo de Iglesia que vive en ese lugar del este de Dakota del Norte; asume la responsabilidad, dentro del colegio de obispos, por la Iglesia de todo el mundo.

En realidad no hay ninguna analogía secular que nos ayude a explicar la relación del papa con el obispo local y del colegio de obispos con el papa. El modelo del gobierno estadounidense —el papa como presidente, los obispos como el Congreso— no nos vale. Tampoco vale el modelo británico, con el papa como primer ministro y los obispos como el parlamento. La estructura de las multinacionales —el papa como director general de la multinacional Iglesia católica, S.A., y los obispos como los directores de las diversas sucursales estatales— fue rechazada como modelo por el Concilio Vaticano II. Éste trató de explicar la relación del papa y los obispos a través del concepto de «colegialidad» —la responsabilidad colectiva de los obispos sobre la Iglesia mundial—, mientras al mismo tiempo enseñaba que esa colegialidad se ejerce con y bajo el liderazgo del obispo de Roma, la cabeza del colegio. Probablemente pasarán décadas hasta que el significado de la colegialidad y su relación con la primacía del papa se puedan llevar a cabo de una manera práctica.

Así pues, no existe una pirámide. Mucha gente, incluyendo muchos católicos, aún creen que la hay. Ése es uno de los motivos por los que, cuando la crisis se intensificó durante la primera mitad del año 2002, católicos a lo largo y ancho de Estados Unidos se preguntaban «¿por qué Roma no hace nada?».

La pregunta misma da fe de la confianza que la gran mayoría de los católicos de Estados Unidos tienen en el papa Juan Pablo II. También sugiere que esa misma mayoría de católicos no se había dejado impresionar por años de propaganda anti Roma orquestada por la cultura de la disidencia, durante los que se exigía al Vaticano que dejara de atosigar a la Conferencia Episcopal, que se tomara la colegialidad de los obispos en serio y que no se metiera en todas y cada una de las gestiones de la Iglesia de Estados Unidos. Cuando la crisis llevaba tres meses en marcha, se hizo diáfanamente claro para muchos católicos de Norteamérica que sus obispos eran en gran medida responsables de que un problema grave se hubiera convertido en una crisis, que estaban siendo incapaces de enfrentarse solos a la crisis y que necesitaban mucho tanto el apoyo como el apuntalamiento de «Roma».

Ese apuntalamiento vino, finalmente, en abril de 2002. No obstante, fue lento. El hecho de por qué tardó tanto plantea interesantes preguntas. Las respuestas no siempre serán agradables. Pero es esencial que las comprendamos bien si es que esta crisis va a llevar a una reforma genuinamente católica.

Fuera de la autopista de la información

Los papas gobiernan la Iglesia católica en colaboración con la curia romana, la serie de departamentos o «dicasterios» (según la terminología del Vaticano) que son algo parecido a lo que conocemos como ministerios. Al leer lo que dice la prensa sobre su pretendida influencia en la Iglesia mundial, uno se queda con la impresión de que la curia romana es una enorme burocracia omnipresente, cuyos tentáculos se extienden desde el Tíber hasta los lugares más recónditos y apartados del orbe. De hecho, para ser una institución que tiene más de mil millones de miembros, la Iglesia católica posee un gobierno central sorprendentemente pequeño: menos de mil ochocientos empleados fijos, incluyendo desde el primero al último. De esos mil ochocientos, quizá cuarenta o cincuenta tienen influencia en la política y autoridad para tomar decisiones, y éstas, en última instancia, siempre están sujetas al papa.

Los miembros de los eslabones más altos de la curia romana son hoy en día de diversos países del mundo, mientras que los peldaños más bajos de la burocracia tienden aún a ser predominantemente ocupados por italianos. Todos hablan italiano, que es la *lingua franca* del Vaticano. Eso, más calendarios y hábitos laborales que imitan a los de su entorno, hacen que el ambiente cultural predominante sea italianizante. Muchos de los altos cargos de la Santa Sede son veteranos del servicio diplomático papal, lo que añade otro interesante elemento al cóctel, pues los diplomáticos son famosos por intentar siempre evitar conflictos, y algunas de las situaciones que acontecieron tras el Vaticano II parecían requerir que los conflictos se avivaran, no que se atenuaran. Me refiero, por ejemplo, a aquellos que insisten en decir que existe un «espíritu del Vaticano II» que de alguna forma trasciende a los textos del concilio y que, además, prevalece sobre la tradición de la Iglesia católica. Los veteranos diplomáticos papales dominan la dirección de la Secretaría de Estado vaticana, a la que el papa Pablo VI convirtió en una superburocracia por la que pasan todos los temas antes de llegar al despacho y residencia del papa en el último piso del Palacio Apostólico (lo que en Roma se conoce simplemente como «El Apartamento»). La Secretaría de Estado también es clave para transmitir y ejecutar las decisiones del papa, puesto que el cardenal secretario de Estado y su asesor jefe para asuntos internos de la Iglesia, el *Sostituto*, son, teóricamente, responsables de coordinar el trabajo del resto de la curia para asegurarse de que lo que el papa ha decidido se lleva a cabo realmente y de la forma en que el papa desea que se haga. Esto requiere un liderazgo fuerte, que no ha sido siempre la principal característica de los secretarios de Estado vaticanos.

A pesar de su internacionalización, y el flujo de información que uno pensaría que ello conlleva, el papa y la curia romana dependen de sus colegas «sobre el terreno» para que les expliquen lo que realmente está pasando en una iglesia local en concreto, como por ejemplo la Iglesia de Estados Unidos. Los dos puntos clave de contacto en este proceso son los obispos locales y el nuncio (embajador) papal en un país.

Cada cinco años, todo obispo diocesano debe ir a Roma a rezar ante las tumbas de Pedro y Pablo y a despachar con el papa, un proceso que implica también largas reuniones con altos cargos de la curia. Por motivos prácticos, los obispos de los países pequeños vienen en grupo, y los obispos de los países más grandes, en grupos regionales. Además de una misa en grupo y una comida con Juan Pablo II, cada obispo pasa un tiempo a solas con el pontífice, como mínimo quince minutos, a veces treinta o más. Ningún papa ha pasado jamás tanto tiempo hablando con obispos durante estas visitas quinquenales como Juan Pablo II. Un alto funcionario vaticano calcula que, en un año normal, Juan Pablo dedica el cuarenta por ciento de su agenda pública a reunirse con obispos de todo el mundo. Pero si los obispos no son sinceros sobre ciertos problemas —si, por ejemplo, un número significativo de obispos no alertó a Juan Pablo II de la posibilidad de que la incidencia de los abusos sexuales del clero durante los setenta y los ochenta se convirtiera en una pesadilla para la Iglesia—, el proceso de colaboración se rompe. La incapacidad de los obispos norteamericanos para enfrentarse a este problema en su propia Conferencia Episcopal se reprodujo por la evidente reticencia de muchos obispos estadounidenses a hablar abierta y sinceramente de este problema con Juan Pablo II y la curia.

El nuncio papal también tiene la importante responsabilidad de asegurarse de que el papa y la curia estén bien informados. Cuando el nuncio conoce bien el país en el que sirve, cuando se procura diversas fuentes de información (y no sólo la información que le llega a través de la fraternidad clerical), y cuando comunica honestamente lo que ha descubierto a sus superiores en Roma, el sistema de nuncios funciona bien. Cuando el nuncio no está familiarizado con la cultura (incluyendo la cultura de la prensa) del país que lo acoge, cuando se limita a recoger información de los eclesiásticos profesionales, y cuando no logra alertar a sus superiores de que una crisis es inminente, el sistema fracasa y el papa puede verse desbordado por los acontecimientos.

El Vaticano también se ha visto afectado, aunque muchos funcionarios vaticanos hayan tardado mucho en darse cuenta, por las nuevas tecnologías que hacen que la información esté disponible globalmente y casi en tiempo real, lo que crea unas demandas que no podían imaginarse hace una generación. Los norteamericanos están ahora acostumbrados a recibir información prácticamente inmediata de los grandes acontecimientos. Pueden sacar la información de una cantidad prácticamente infinita de periódicos electrónicos, revistas *on-line* y páginas web. Los interesados están en contacto los unos con los otros sobre cada nueva noticia y cada nuevo comentario sobre ella. Los católicos norteamericanos asumen que los líderes de su Iglesia en Roma también están conectados.

No lo están. Por extraño que parezca —dada la idea común de que el Vaticano es una burocracia rica y eficiente—, el Vaticano está de hecho muy lejos siquiera del andén de las autopistas de la información. Los funcionarios vaticanos que comprendieron con claridad que la Iglesia de Estados Unidos estaba en crisis en el primer trimestre de 2002 fueron aquellos que habían pasado bastante tiempo en Norteamérica desde enero de 2002 y esos pocos funcionarios que regularmente se tomaban la molestia de navegar por Internet en busca de información y comentarios.

La Iglesia de Estados Unidos esperaba que el Vaticano estuviera viviendo el trauma del catolicismo norteamericano en tiempo real, a través de la información que les enviara el nuncio de Washington y a través de Internet. El Vaticano no lo hizo, porque el Vaticano simplemente no forma parte de la cultura de Internet y el flujo de información desde Washington era inadecuado. Eso creó unas expectativas que no se vieron cumplidas. Y la diferencia entre las expectativas y la realidad se amplió y profundizó durante los primeros tres meses de la crisis hasta el punto en que los fieles católicos, que ignoraban lo que la información tardaba en llegar de Estados Unidos al Vaticano, comenzaron a pensar, aunque con reticencia y dolor en el corazón, que a Roma todo eso simplemente no le importaba.

Los viejos hábitos son difíciles de abandonar

Lo que a los católicos estadounidenses les pareció una respuesta indolente de Roma a su trauma se debía también en parte a la historia y a la ley canónica. De nuevo en contra de las creencias populares sobre el «autoritarismo» de la Iglesia, la ley canónica hace lo imposible para proteger a los sacerdotes de los obispos arbitrarios o excéntricos (o lo que es lo mismo, de los obispos verdaderamente autoritarios). Éste ha sido un problema que se ha presentado durante siglos y los cánones fueron escritos para que cada sacerdote acusado de un crimen eclesiástico tuviera oportunidad de defender su conducta y refutar los cargos. El derecho canónico sigue aquí el venerable principio legal norteamericano de que el acusado se presume inocente hasta que se demuestre lo contrario más allá de una duda razonable (o, según el lenguaje canónico, «hasta la certeza moral»).

Este respeto hacia la reputación y el ministerio de los sacerdotes no es simplemente producto de siglos de abuso de poder por parte de los obispos, sino que además tiene profundas raíces teológicas. Según la doctrina de la Iglesia, un sacerdote católico ordenado de forma válida es sacerdote para siempre. Su identidad cristiana cambia decisivamente. En su ordenación se configura de manera irreversible a Cristo, el Sumo Sacerdote Eterno, al que hace presente en el mundo. Así pues, ninguna autoridad eclesiástica, incluyendo al papa, puede quitar a un hombre su sacerdocio en el sentido sacramental de la palabra, porque el sacerdote no es simplemente un empleado o un funcionario, sino un *alter Christus*, «otro Cristo».

Lo que la Iglesia puede hacerle a un sacerdote que ha cometido graves faltas es, usando la terminología canónica, «apartarlo del clero». Es decir, prohibirle actuar pública o privadamente como sacerdote, y hacerle perder cualquier derecho a que la Iglesia se haga responsable de su subsistencia. Ha sido retirado del sacerdocio («se le han retirado los hábitos», según la poco apropiada imagen de la prensa), aunque desde un punto de vista teológico sigue siendo sacerdote y podría, por ejemplo, administrar los sacramentos en caso de emergencia. Esta drástica pena se aplica solamente tras un juicio eclesiástico completo, que incluye derecho de apelación. Sólo el papa puede apartar a un sacerdote del clero a través de un proceso puramente administrativo. Juan Pablo II ha usado este poder en menos de diez ocasiones en veintitrés años, pero dos de los casos tenían que ver con pedófilos: John Geoghan de Boston y Rudy Kos de Dallas. En el año 2001, el Vaticano anunció que se habían creado nuevos procesos dentro de la Congregación para la Doctrina de la Fe para agilizar los juicios eclesiásticos en situaciones en que se requería una reacción rápida contra un sacerdote que había cometido abusos sexuales.

Las penas menores contra sacerdotes que comenten faltas conllevan restringir el ministerio sacerdotal como, por ejemplo, prohibirle el trabajo en una parroquia o permitirle celebrar misa sólo en privado. En estos casos, como en todas las sanciones que impone el derecho canónico, no se busca el castigo sino una pena suficiente que haga que el pecador se arrepienta, corrija su vida y retorne a un estado de gracia, aunque sea fuera del clero. El derecho canónico comparte la presunción de inocencia con la ley estadounidense, pero tiene un concepto muy diferente del propósito de las penas que se aplican a los delitos.

Con el paso del tiempo este régimen legal ha creado un tipo de razonamiento en el Vaticano que los norteamericanos encuentran difícil de entender, y eso de hecho hace que para los funcionarios de la Santa Sede sea complicado manejar bien problemas como la crisis de 2002 en Estados Unidos. Ese tipo de razonamiento, al que podemos llamar «legalista», quedó perfectamente descrito en una conferencia que en mayo de 2002 ofreció el decano de la Facultad de Derecho Canónico de la Pontificia Universidad Gregoriana de Roma, el padre Gianfranco Ghirlanda, S. I. El padre Ghirlanda defendió que los obispos no debían decir a una parroquia si el nuevo sacerdote que habían asignado tenía antecedentes de abusos sexuales, siempre que el obispo estuviera convencido de que no iba a reincidir en su pasada conducta; que un obispo no debería exigir a un sacerdote que se sometiera a test psicológicos ni siquiera después de que se hubiera presentado contra él una acusación creíble de abusos sexuales; y, por último, que un obispo tenía la seria responsabilidad de proteger el «buen nombre» de sus sacerdotes no haciendo públicas las acusaciones de abusos ni tampoco siquiera la información sobre abusos sexuales demostrados cometidos en el pasado si le parecía que no se trataba de un delito habitual o propicio a repetirse. Por añadidura, el padre Ghirlanda dijo que ni un obispo ni cualquier otro tipo de superior eclesiástico es «moral o jurídicamente responsable de los actos cometidos por los miembros de su clero».

El padre Ghirlanda trabaja como consultor para cuatro de los más importantes dicasterios de la curia romana (Obispos, Doctrina de la Fe, Clero y Educación Católica) y asesora a otros muchos departamentos del Vaticano. De ello podemos deducir que su punto de vista es ampliamente compartido en Roma. Entender esto ayudará a comprender por qué la Santa Sede rechazó la petición de los obispos en 1993 para que los obispos locales pudieran apartar a un sacerdote del clero mediante un proceso administrativo en lugar de hacerlo mediante un juicio eclesiástico completo en casos de escándalos graves, como los abusos sexuales.

Pero comprender no significa necesariamente estar de acuerdo. Si bien la actual ley canónica es admirable en su defensa de la presunción de inocencia y en su preocupación por proteger a los sacerdotes del ejercicio arbitrario del poder eclesiástico, también hay que decir que, tal y como la interpretan el padre Ghirlanda y los que comparten su punto de vista, es manifiestamente inadecuada para enfrentarse al problema de los abusos sexuales del clero. Algo tiene que cambiar. Hasta que eso suceda, la ley seguirá haciendo que la burocracia central de la Iglesia adopte un tipo de razonamiento que no le permite enfrentarse a una crisis como la de 2002.

Guerras culturales

La lentísima respuesta vaticana a la crisis durante los primeros meses de 2002 se debió a las importantes diferencias que existen entre cómo los norteamericanos y los europeos se enfrentan a los escándalos públicos, incluidos los eclesiásticos.

Una forma de analizar esa diferencia es ver cómo los norteamericanos aún son capaces de sentirse indignados por las travesuras y las conductas sexuales impropias de las personalidades públicas (incluyendo al clero), mientras que el cinismo y el estar de vuelta de todo propios de los europeos silencian esas reacciones. La prensa francesa no consideró que fuera noticia que un reciente presidente de Francia viviera con una amante durante años. La incredulidad con que los medios europeos siguieron la airada reacción de los norteamericanos a la aventura del presidente Clinton con Monica Lewinsky es otra muestra de que existe una diferencia cultural tan grande como el Atlántico. Los europeos simplemente no se toman este tipo de cosas tan en serio como los norteamericanos.

Este factor explica por qué la prensa europea apenas dio importancia a la crisis aun cuando comenzó a aparecer en las portadas de prácticamente todos los periódicos de Estados Unidos. Un norteamericano que hubiera llegado a Europa en los primeros meses de 2002 habría tenido la sensación de haber llegado no a otro continente, sino a otro planeta. Lo que se había convertido en el centro de atención de los medios estadounidenses y en tema de conversación para casi todo el mundo, en Europa simplemente no existía. Incluso aquellos europeos (y funcionarios de la curia romana) que se tomaron la molestia de seguir la crisis por Internet se perdieron forzosamente muchos de los matices, incluyendo la ira y la consternación que estaba generando entre los fieles católicos. Para eso tenían que haber estado en Estados Unidos, haber experimentado la crisis emocionalmente además de intelectualmente.

El diferente esquema legal europeo también enturbió las impresiones que el Vaticano tenía de la crisis de Estados Unidos. La ley de responsabilidad civil funciona de forma muy diferente en Europa, donde no son habituales las grandes indemnizaciones por «daños» del tipo que sea, y donde el fenómeno de los abogados que ganan decenas de millones y hasta miles de millones a través de demandas civiles no existe. Los europeos tienen muchas dudas sobre el sistema legal estadounidense. La moderna ley de responsabilidad civil americana es algo que la mayoría encuentra incomprensible. Eso, a su vez, llevó a algunos en el Vaticano, y en la nunciatura del Vaticano en Washington, a creer que toda la crisis en Norteamérica había sido fabricada por individuos perturbados y abogados codiciosos que estaban interesados sólo en el dinero y en atraer la atención mediática. Según este análisis, eso era algo que la Iglesia podía capear.

Un problema de comunicación

El cardenal Agostino Casaroli, secretario de Estado vaticano de 1979 a 1990, quizá el funcionario curial más completo de su generación, dijo una vez sobre los medios: «No nos importa lo que publiquen mientras nosotros podamos hacer lo que queremos hacer.» Era una idea que habría encajado muy bien en el Congreso de Viena. De hecho, uno puede imaginarse con facilidad a uno de los predecesores de Casaroli en la Secretaría de Estado, el cardenal Ercole Consalvi, diciéndoles exactamente lo mismo a Talleyrand, Metternich y Castlereagh, mientras sorbían champán bajo los cristalinos candelabros del palacio Schönbrunn en 1815.

El cardenal Casaroli era un hombre muy inteligente, pero en este aspecto estaba completamente equivocado. Lo que «publiquen» (y emitan, difundan o pongan en Internet) tiene mucho que ver con lo que la Iglesia puede hacer (aunque no tanto como «ellos» creen). Puede crear presiones a las que la Iglesia debe responder. Puede reducir las posibles alternativas de la Iglesia o, por el contrario, ampliarlas. Sobre todo, lo que «publiquen» da forma a la atmósfera en que la Iglesia debe predicar el Evangelio y ser testigo de las verdades morales y de su impacto en la sociedad. Si esa atmósfera se vuelve venenosa, el riesgo de fracasar en la misión básica de la Iglesia de predicar la verdad se incrementa exponencialmente. Por poner un ejemplo obvio: ¿alguien puede defender que hacia Pascua de 2002 la Iglesia católica de Estados Unidos estaba en mejor posición para influir en el debate sobre clonación, investigación con células madre y la multitud de temas que plantean las nuevas biotecnologías que en diciembre de 2001?

Esta actitud despreciativa hacia la prensa, que es endémica en la curia romana, se ha encontrado siempre con la oposición del jefe de la oficina de prensa del Vaticano, Joaquín Navarro-Valls, un laico español que provenía del periodismo. También ha sido rechazada por el papa Juan Pablo II, quien entiende, mucho mejor que cualquiera de sus antecesores y que la mayoría de sus colaboradores curiales, el fenómeno que Navarro-Valls describe como la «dialéctica con la opinión pública», que se produce a través de la prensa. Aun así, ni el papa ni Navarro han sido capaces de cambiar la mentalidad del Vaticano hasta el punto de lograr que todos los implicados reconozcan que la Santa Sede necesita un departamento de comunicación que comprenda las necesidades y la perspectiva de la prensa, y que busque la forma de que, mediante un acercamiento directo y sincero a los medios, la Iglesia tenga la oportunidad de ver publicada su versión de cada historia.

La actitud clásica del Vaticano y los perniciosos efectos que a veces conlleva se pudieron observar el 21 de marzo de 2002, cuando el cardenal Darío Castrillón Hoyos, prefecto de la Congregación para el Clero, presentó en una rueda de prensa la carta anual de Jueves Santo del papa Juan Pablo II a todos los sacerdotes del mundo. Es cierto que la prensa tenía expectativas exageradas sobre el contenido de la carta, y también es cierto que demasiados periodistas habían estado martilleando durante semanas sobre el supuesto «silencio» del papa acerca de los abusos sexuales. ¿Aprovechó el cardenal Castrillón la rueda de prensa para señalar que el papa Juan Pablo II llevaba hablando extensivamente sobre la reforma del sacerdocio durante veintitrés años? No. ¿Apuntó acaso el cardenal que el papa había convocado un sínodo internacional de obispos para que pasase un mes debatiendo la reforma de los seminarios y que el impacto de esas reformas se podía apreciar en los pocos casos de abusos sexuales del clero que habían surgido en los noventa? No. ¿Subrayó el cardenal que el papa no estaba evadiendo el tema de los abusos sexuales del clero al referirse al «misterio del mal» que trabajaba en el mundo, sino describiendo los escándalos con precisión y de una forma que conectaba con la devastadora experiencia de las víctimas de abusos? No. ¿Acaso el cardenal Castrillón no sugirió siquiera que el papa estaba profundamente apenado por la crisis en Estados Unidos, como todos los que lo conocían sabían que lo estaba? No. En lugar de todo ello, el cardenal Castrillón sugirió que con la crisis de Oriente Medio y varias cosas más en marcha, el papa tenía otros asuntos de los que preocuparse. Y en cualquier caso, continuó el cardenal, parecía que todo el tema era una obsesión solamente de los periodistas de habla inglesa, lo que podía querer decir algo sobre su cultura.

De esta forma, una buena oportunidad se convirtió en un desastre de relaciones públicas. Incluso los periodistas más proclives a escribir positivamente sobre la carta de Jueves Santo del papa, y a explicar el texto papal en el contexto religioso y moral que le correspondía, se enfurecieron ante el desprecio con que trató el tema el cardenal Castrillón, ante su actitud defensiva y ante su negativa a contestar preguntas concretas sobre la situación en Estados Unidos, que el dicasterio que él mismo dirigía tenía la importante responsabilidad de supervisar. Algunos sugirieron que la pétrea actitud del cardenal tenía mucho que ver con su supuesta ambición del papado. Pero lo que parece mucho más probable es que el cardenal Castrillón, una persona inteligente y valiente, que se había enfrentado a los señores de la droga en su nativa Colombia cara a cara, simplemente estuviera reflejando algunos de los peores aspectos de la cultura de la curia en la que llevaba trabajando más de cinco años.

La sugerencia del cardenal Castrillón de que toda la crisis norteamericana había sido una creación de los medios no había sido casual; era compartida por buena parte del Vaticano. La incapacidad de distinguir la exageración de los medios (que lo hacen, y mucho) de lo que era una auténtica crisis (que era el caso en Estados Unidos) fue otro factor que explica la extrema lentitud de la respuesta romana en enero, febrero y marzo de 2002. Como regla general, podemos decir que la curia no podía concebir que una crisis y la exageración de la prensa se presentaran a la vez y, entre las dos opciones, eligió la que le era más familiar: se trataba de un circo mediático que con el tiempo se extinguiría por sí solo.

¿Un producto demasiado vendido?

Por último, la tardía repuesta a la crisis fue provocada en parte por un exceso de confianza en la Iglesia de Estados Unidos y en los obispos norteamericanos.

Contrariamente a las esperanzas de la cultura de la disidencia, durante los noventa el Vaticano no veía con malos ojos la situación del catolicismo en Estados Unidos, sino todo lo contrario. El rotundo éxito del Día Mundial de la Juventud en Denver en 1993; la respuesta favorable a la peregrinación del papa a Newark, Nueva York, Brooklyn y Baltimore en 1995; la vitalidad de la vida parroquial, y el surgimiento de una nueva generación de intelectuales católicos aburridos de las tradicionales opiniones de la disidencia llevaron a muchos altos cargos romanos, incluyendo al papa, a una obvia conclusión: la Iglesia católica de Estados Unidos gozaba de mayor vitalidad que cualquier otra del mundo desarrollado. Y eso era, y es, cierto, pero incompleto. Y lo que faltaba no era un detalle sin importancia. Y a no ser que fuera descubierto y corregido, amenazaba la integridad de todo el resto.

De forma similar, el papa y la curia tenían una buena impresión de la jerarquía de Estados Unidos. Es cierto que ya no había una gran figura pública como el cardenal John O'Connor de Nueva York, y es cierto también que algunos obispos decían cosas muy curiosas de vez en cuando, pero desde el punto de vista de Roma, la situación era muy diferente de la de 1989, cuando la reunión del papa, la curia y los arzobispos estadounidenses había resultado tensa y plagada de purulentas discusiones. El papa y la curia estaban convencidos de que la Iglesia norteamericana gozaba de un liderazgo fuerte y efectivo.

Ésa era una verdad a medias que escondía un problema más profundo. Había, y hay, obispos carismáticos y resolutivos en Estados Unidos. Hay obispos que, al enfrentarse a escándalos locales, han convertido la crisis en una oportunidad para renovar la fe de sus diócesis y hacerla más verdaderamente católica. Pero también había muchos obispos que carecían de la sofisticación teológica y las habilidades de comunicación necesarias para manejar escándalos como el de los abusos sexuales del clero de otra forma que no fuera el modo convencional como una empresa gestiona una crisis. Hubo otros que simplemente cerraron los ojos a lo que sucedía frente a sí, ya sea por miedo o por cobardía. Su ineptitud, corrupción y mal gobierno causaron una crisis a la que todo el mundo, incluyendo a las autoridades de Roma, tenía que enfrentarse si es que se quería salvar el buen trabajo hecho durante la última década y asegurar los logros del pontificado.

Este giro tan necesario tuvo lugar en Roma en tres semanas de abril de 2002.

El giro

Si un norteamericano informado y simpatizante de Roma hubiera llegado al Vaticano en Pascua de 2002, habría tenido que reconocer que los altos cargos de la Santa Sede llevaban un retraso de tres meses en la crisis de Estados Unidos. Los altos cargos vaticanos parecían estar en la misma situación en que se encontraban la mayoría de los católicos norteamericanos a principios de enero, cuando los escándalos de Boston comenzaron a ocupar los titulares: confundidos, inseguros sobre cuánto de esto era real y cuánto producto de los medios, inseguros sobre sus fuentes de información, reacios a creer que las cosas estaban tan mal como parecía. Tres semanas después las cosas en Roma habían cambiado, si no drásticamente, sí de modo sustancial.

El giro comenzó el martes 9 de abril. El día anterior el papa había comido con varios cardenales estadounidenses que estaban en Roma para la reunión anual de la Fundación Papal, una organización básicamente financiada desde Estados Unidos que permite a Juan Pablo II expandir sus proyectos benéficos por todo el mundo: reconstrucción de seminarios en el antiguo bloque soviético, construcción de clínicas para el Sida en África, etc. La conversación durante la comida derivó de forma natural hacia los escándalos que estaban desarrollándose en Estados Unidos, pero los cardenales presentes (Anthony Bevilacqua, de Filadelfia, William Keeler, de Baltimore, y Theodore McCarrick, de Washington, D. C.) no transmitían la sensación de que la crisis fuera grave. Era, dijeron, una época de «purificación» de la que la Iglesia saldría reforzada. No fue hasta el martes cuando el presidente de la Conferencia Episcopal, el obispo Wilton Gregory, de Belleville, Illinois, transmitió un mensaje más duro.

No hubo preliminares en esta discusión. Tan pronto como el papa hubo dado gracias antes de la comida, se volvió hacia el obispo Gregory y le preguntó: «¿Cuál es la situación en Estados Unidos?» Gregory le dijo que era imprescindible y urgente que Roma entendiera que se trataba de una verdadera crisis, no una invención de los medios. No iba a acabarse pronto; iban a seguir apareciendo revelaciones sobre abusos sexuales y errores de los obispos. El papa, que estaba decidido a que los obispos de Estados Unidos no tuvieran que enfrentarse a esto solos, preguntó qué podían hacer él y la Santa Sede para ayudar. El obispo Gregory, que estaba acompañado por el vicepresidente de la Conferencia Episcopal, el obispo William Skylstad, de Spokane, y por el secretario general de la conferencia, monseñor William Fay, contestó que los obispos iban a intentar adoptar normas de personal a nivel nacional en su reunión semestral de junio, y que lo mejor que la Santa Sede podía hacer era acelerar la revisión y la aprobación de estas normas cuando fueran enviadas a Roma. A los norteamericanos se les aseguró que así sería.

Durante la comida del 9 de abril no se habló de cómo la cultura de la disidencia estaba en el origen del problema, ni tampoco se prestó atención a la alta incidencia de los abusos homosexuales. Algunos creen que se puso demasiado énfasis en la capacidad de las nuevas normas de personal para resolver una crisis que también tenía que ver con un liderazgo episcopal deficiente y con problemas profundos de fidelidad y ortodoxia en algunos sectores de la Iglesia norteamericana. Pero el obispo Gregory sí comunicó de forma clara el mensaje básico: se trataba de una crisis, no de un espejismo. A la luz de ese descubrimiento, es muy posible que al papa y a sus colaboradores más próximos se les ocurriera pensar que no habían sido mantenidos suficientemente informados por los obispos y por el nuncio apostólico de Washington.

Juan Pablo estaba decidido a hacer mucho más que acelerar la maquinaria burocrática del Vaticano tras la reunión de junio de los obispos estadounidenses en Dallas. Más tarde, esa misma semana, poco después de que el obispo Gregory y sus colegas hubieron terminado su ronda de tres días de reuniones en Roma, el papa aceptó una propuesta para que tuviera lugar en Roma durante el 22 y el 23 de abril una reunión interdepartamental («interdicasterial», para el Vaticano) en la que estuvieran presentes el cardenal Ratzinger, prefecto de la Congregación para la Doctrina de la Fe, el cardenal Giovanni Battista Re, prefecto de la Congregación para los obispos, el cardenal Castrillón, de la Congregación del Clero, todos los cardenales de Estados Unidos, la cúpula dirigente de la Conferencia Espiscopal estadounidense y otros altos cargos de la curia, incluyendo al cardenal secretario de Estado, Angelo Sodano. La responsabilidad de organizar la reunión se le confirió al cardenal Castrillón. La prensa inmediatamente describió la situación como que el papa «ordenaba a los cardenales norteamericanos ir a Roma», lo cual, aunque no era estrictamente cierto (los cardenales estaban siendo convocados por Castrillón), al menos sirvió para mostrar a los preocupados católicos norteamericanos que el papa se estaba tomando la situación muy en serio.

El siguiente paso en el drama de abril llegó el sábado, 13 de abril, cuando el cardenal Bernard F. Law[1] llegó a Roma en secreto, cinco días después de que el caso de Shanley apareció en la prensa de Boston y provocó una oleada de indignación. Ese mismo día, durante la comida, el cardenal Law les explicó la situación tal y como él la veía al papa, a los secretarios papales y al cardenal Re. Esa comida, y las reuniones que Law mantuvo el domingo y el lunes con los cardenales Re, Ratzinger y otros, sirvieron para remachar el mensaje de que lo que se tenía entre manos era una crisis gravísima. Ese mismo fin de semana, el papa y su principal secretario, el obispo Stanislaw Dziwisz, recibieron un dossier de prensa sobre la crisis de Estados Unidos y sus muchas ramificaciones. El dossier incluía comentarios y artículos de eminentes católicos de Estados Unidos —católicos que se sabía eran fieles defensores de la Iglesia y del pontificado— que instaban a analizar con la mente clara las profundas raíces de la crisis y a ejercer un liderazgo fuerte para solucionarla. Parece ser que ésta fue la primera vez en que llegaron a manos del papa documentos de este tipo. El lunes 15 de abril salieron en la prensa noticias de la próxima reunión de los días 22 y 23 de los cardenales norteamericanos en Roma, y se desa-

---

1. Juan Pablo II aceptó la renuncia del cardenal Law a la diócesis de Boston el pasado 13 de diciembre de 2002.

tó una tormenta de fuego. La oficina de prensa de la Santa Sede se vio desbordada con peticiones de acreditación para cubrir la reunión, que muchos periodistas y editores habían asumido erróneamente que se dedicaría a resolver la crisis. Estas expectativas cristalizaron en el eslogan «tolerancia cero», que la prensa pronto decidió que sería el rasero por el que juzgaría la bondad de la respuesta de los cardenales a la crisis.

En la mañana del 22 de abril, dirigiéndose a los cardenales reunidos ante él, Juan Pablo II les dijo que «los abusos que han causado esta crisis están, según cualquier estándar, mal y la sociedad los considera correctamente un delito; son también un pecado atroz a los ojos de Dios». Después de expresar su «profunda solidaridad y preocupación» a «las víctimas y a sus familias», Juan Pablo reconoció que algunos obispos habían tomado decisiones «que los acontecimientos posteriores demostraron equivocadas». Fuera cual fuese el criterio que se aplicase en futuras decisiones en situaciones similares, los obispos y de hecho todos los miembros de la Iglesia tenían que saber que «no hay lugar en el sacerdocio ni en la vida religiosa para aquellos que hacen daño a los jóvenes». El papa pasó entonces al problema de la cultura de la disidencia: los católicos, y toda la sociedad, «[...] deben saber que los obispos y los sacerdotes están plenamente comprometidos con la plenitud de la verdad católica en temas de moral sexual, una verdad tan esencial para la renovación del clero y el episcopado como para la renovación del matrimonio y la vida en familia».

Puede deducirse con seguridad que jamás se habría dicho eso si no hubiera existido la preocupación de que algunos obispos y sacerdotes no estaban, de hecho, «comprometidos con la plenitud de la verdad católica en temas de moral sexual», y que otros estaban haciendo un pésimo trabajo al enseñar y explicar esa verdad. En esta vinculación de la cultura de la disidencia y la crisis de abusos sexuales y mal gobierno episcopal, así como en el punto sobre la necesidad de reformar las órdenes religiosas (donde los problemas de abusos sexuales son probablemente más graves que entre el clero diocesano), el discurso del papa a la asamblea de cardenales unió todos los puntos de la crisis de una forma como no se había hecho en el Vaticano antes. La llamada a un «sacerdocio más santo, un episcopado más santo y una Iglesia más santa» también es destacable: Juan Pablo estaba insistiendo en que ésta era una crisis de fidelidad y que la única respuesta era una fidelidad más profunda y radical.

Hacia la tarde del miércoles 23 de abril, los cardenales reunidos habían redactado una carta para los sacerdotes de Estados Unidos y un comunicado que resumía las discusiones de las cuarenta y ocho horas anteriores en seis puntos: los obispos de Estados Unidos propondrían una serie de «estándares nacionales» para tratar los casos de abusos sexuales del clero, y esperaban que el Vaticano aprobara las normas rápidamente; la Conferencia Episcopal diseñaría y recomendaría un proceso para la rápida separación del clero de cualquier sacerdote «notoriamente» culpable de «abusos sexuales predatorios en serie de menores»; los obispos propondrían un nuevo sistema para enfrentarse a casos que no fueran «notorios» pero en los que los obispos tuvieran motivos para creer que el sacerdote en cuestión suponía una amenaza para los niños y para los jóvenes; tendría lugar una revisión especial de los seminarios autorizada por Roma (una «visita apostólica»), y se pondría especial cuidado al revisar los requisitos de admisión «y la necesidad de que los [seminarios] enseñen la doctrina moral católica íntegramente»; los obispos de Estados Unidos se comprometerían a vivir la santidad más profunda a la que el papa les había animado, y se dedicarían con todo su esfuerzo a atraer a otros a esa santidad; un día nacional de «oración y penitencia» sería instituido por la Iglesia en Norteamérica, para ayudar a la reconciliación y a la renovación.

Para cualquier observador razonable era un comunicado impresionante, que dejaba muy claro que los pedófilos y los culpables de abusos sexuales repetidos serían apartados inmediatamente del clero. El comunicado no trataba los casos de los que sólo habían delinquido una vez o el del sacerdote involucrado en una relación sexual voluntaria con un adulto que luego se había arrepentido de su pecado y demostrado, con el paso del tiempo, que se había reformado. Pero según la naturaleza de las cosas, éstos eran los casos complicados y no se podía esperar que se ofreciera para todos ellos una solución que se pudiera meter en el formato de un comunicado de prensa. En breve, el comunicado debería haber enviado una señal clara de que las cosas habían cambiado y que un liderazgo fuerte estaba decidido a emprender una reforma profunda.

Pero eso no sucedió, porque la presentación del comunicado fue una desesperante demostración de incompetencia en relaciones públicas. La conferencia de prensa comenzó con dos horas y media de retraso, en parte por el rudimentario procedimiento bilingüe en que se redactó el comunicado. Sólo dos de los cardenales norteamericanos, McCarrick, de Washington, y J. Francis Stafford, presidente del Consejo Pontificio para los Laicos, estuvieron presentes junto al obispo Gregory. Cuando los periodistas preguntaron dónde estaban los otros cardenales, se explicó con toda calma que era tarde y que los demás cardenales tenían otros compromisos inaplazables. No hubo ninguna declaración previa por parte del obispo Gregory, una violación clara del principio básico de la rueda de prensa, que es que aquellos que van a ser acribillados a preguntas cuenten en primer lugar su versión, de forma coherente y sin interrupciones, de modo que quede grabada y se convierta en parte de la dinámica del turno de preguntas. Alguien pensó que el hecho de que el comunicado hubiera sido rápidamente fotocopiado y distribuido entre los periodistas quince minutos antes del inicio de la rueda de prensa bastaba para reemplazar la declaración inicial. Que no fue así quedó claro nada más comenzar las preguntas. La consecuencia fue que nadie que estuviera viendo la conferencia de prensa por televisión tenía la menor idea de lo que los cardenales habían acordado, ni siquiera tras cuarenta y cinco minutos de preguntas y respuestas.

La mala elección de términos en el comunicado causó ulteriores problemas. El lenguaje técnico de la ley canónica distingue entre delitos de los que nadie está apercibido excepto el perpetrante y la víctima, y delitos que son públicamente conocidos. Los primeros se denominan «ocultos» (que no tiene connotaciones místicas, sólo quiere decir «escondidos») y los últimos se denominan «notorios» (lo que significa, simplemente, «muy conocidos» o «públicamente reconocidos»). Los maniáticos canonistas que se encontraban entre los redactores del comunicado insistieron en que debía usarse el término «notorios», al parecer sin darse cuenta que para el no iniciado en la ley canónica (o lo que es lo mismo, para toda la audiencia que iba a leer el comunicado), «notorio» quiere decir algo muy diferente de lo que los especialistas en derecho canónico querían transmitir: parecía dar a entender que la Iglesia sólo iba a adoptar medidas contra los abusos sexuales cuando su encubrimiento fuera destapado por una previa denuncia de la víctima, los medios o los fiscales. Así pues, la intención inequívoca de la reunión de los cardenales de apartar a los pedófilos y a los delincuentes sexuales habituales del clero activo no fue entendida así, y se abrió una nueva controversia sobre por qué la Iglesia sólo iba a adoptar medidas serias cuando hubiera «notoriedad».

La reunión de los cardenales había conseguido avanzar mucho en un período de tiempo muy corto. Pero que su impacto quedara mermado —siendo caritativos— por una increíblemente inepta presentación de sus conclusiones, fue una verdadera desgracia.

La curva de aprendizaje

El 25 de abril de 2002, cinco de los seis puntos esenciales para entender la crisis de la Iglesia católica en Estados Unidos ya habían quedado claros para Roma. Todo, o casi todo, el mundo había comprendido que la crisis era real: se trataba de un problema de la Iglesia, no de un problema artificialmente creado por unos medios de comunicación hostiles. El papa había dejado claro que aunque la crisis implicaba factores psicológicos, legales e incluso políticos, era, en su esencia, una crisis espiritual, una crisis de fidelidad. La demografía de los abusos sexuales del clero se entendió mejor cuando se empezó a discutir abiertamente la importancia clave del factor homosexual, aunque de forma más precavida de lo que los hechos parecían aconsejar. Se identificó el vínculo que existía entre treinta y cinco años de cultura de disidencia y la crisis, y sus dos dimensiones, los abusos sexuales del clero y el mal gobierno de los obispos, ya habían sido identificadas, si bien no exploradas en profundidad. Y se había hecho evidente para prácticamente todos los implicados que, para resolver la crisis, haría falta un liderazgo por parte de los obispos estadounidenses más valiente y decidido que el que habían mostrado hasta entonces. Lo que parece que todavía no se había comprendido en Roma era que el liderazgo inepto, y a veces torticero, de los obispos agravaba más el escándalo que la franca admisión de la Iglesia de que un obispo, incluso si no era personalmente responsable de imprudencia temeraria al tratar los casos de abusos sexuales, podía, por su mal juicio o sus malas decisiones, perder su capacidad para enseñar y para gobernar. Ese tema debería solucionarse en el futuro, desde luego, no muy lejano.

Dada la habitual placidez con que las cosas se suceden en

el Vaticano y dada la característica prudencia de los altos cargos vaticanos, siempre decididos a no dejarse llevar por el pánico, la curva de aprendizaje de abril de 2002 fue tremendamente empinada. Era alentador para aquellos comprometidos con la causa de la reforma auténticamente católica que tantas cosas sobre la Iglesia de Norteamérica se hubieran clarificado en apenas tres semanas.

También quedó claro que el ritmo de la reforma tendría que acelerarse en los meses y años que estaban por venir. Y también quedó claro que se necesitaba un completo programa de reforma.

CAPÍTULO SEIS
El programa de reforma: seminarios y noviciados

Pastores Dabo Vobis, la exhortación apostólica al sacerdocio y a la formación sacerdotal que el papa Juan Pablo II emitió en 1992 describía los seminarios y noviciados (los institutos de formación dirigidos por las órdenes religiosas) con rico lenguaje bíblico. Los seminarios y noviciados, escribió el papa, debían ser lugares donde «a quien es llamado por el Señor para el servicio apostólico [se le ofrece] la posibilidad de revivir la experiencia formativa que el Señor dedicó a los Doce». Después de llamar a los primeros apóstoles, Cristo se los llevó durante un tiempo «para estar con él» (Marcos, 3.14). Así pues, el seminario, según Juan Pablo, debe ser «una continuación en la Iglesia de la íntima comunidad apostólica formada en torno a Jesús, en la escucha de su Palabra, en camino hacia la experiencia de la Pascua, a la espera del don del Espíritu para la misión».

Es una visión muy noble. La formación de los sacerdotes ha sido, a veces, exactamente eso. Que esta experiencia de «irse» con Cristo a un lugar especial para prepararse para la misión es algo que no siempre se ha correspondido con lo que sucede en los seminarios es algo que damos, o deberíamos dar, por descartado. Pero también debemos dar por descartado que éste es el tipo de institución que los seminarios y los noviciados deben aspirar a ser.

Muchos seminarios estadounidenses estaban en mejores condiciones en 1990 de lo que lo habían estado en décadas, gracias al efectivo liderazgo de aquellos obispos y rectores que emprendieron profundas reformas según las enseñanzas de *Pastores Dabo Vobis*. Por falta de ese liderazgo, o debido a la asunción respecto al sacerdocio de las teorías del catolicismo *light*, otros seminarios siguieron teniendo problemas, algunos de los cuales fueron graves. La crisis de 2002 ha dejado claro que se necesita una profunda y más completa reforma de los seminarios si es que la Iglesia quiere tener sacerdotes que actúen según la idea que la propia Iglesia tiene de su identidad única como iconos del sacerdocio eterno de Jesucristo. Esa reforma más profunda afecta a prácticamente todas las facetas de la vida en el seminario: reclutamiento y selección de las vocaciones, educación para la castidad y el celibato, formación humana, crecimiento en la vida espiritual y educación teológica. También requiere una cooperación más estrecha entre los obispos locales, los rectores de los seminarios y los altos cargos de Roma.

¿Visita apostólica?

Los cardenales estadounidenses que se reunieron en Roma el 22 y 23 de abril de 2002 propusieron que la Santa Sede llevara a cabo una «visita apostólica», es decir, un estudio supervisado por el Vaticano de todos los noviciados y seminarios de Estados Unidos. Una visita similar llevada a cabo en los ochenta no fue demasiado efectiva, en parte porque dentro del equipo que realizaba las evaluaciones se incluyó a hombres que eran responsables de los desaguisados en algunos seminarios en las décadas

EL PROGRAMA DE REFORMA: SEMINARIOS Y NOVICIADOS 145

inmediatamente siguientes al Vaticano II. No podía volver a repetirse una situación como aquélla.

Las visitas a los seminarios seguramente estarán dirigidas por obispos. Los obispos que reciban el nombramiento como visitadores deben ser hombres que hayan demostrado con anterioridad que tienen la capacidad de reformar esas instituciones, ya sea ejerciendo de miembros del profesorado, rectores u obispos locales. Éstos son los hombres que sabrán cuáles son las preguntas que tienen que hacer, los puntos delicados que deben explorar y las pautas de reforma que realmente funcionan. Éstos serán los hombres que también sabrán, por experiencia propia, que es de esperar que haya evasivas, y sabrán también cómo enfrentarse a ellas. Afortunadamente hay un buen número de obispos disponibles que cumplen estos requisitos, especialmente entre los miembros más jóvenes de la jerarquía norteamericana. Un visitador de seminarios no tiene por qué ser como un fiscal. Pero a menos que un obispo entienda desde el principio que se necesita una reforma a conciencia y a menos que su expediente indique que tiene el valor de luchar por lo que tiene que luchar, no debe ser designado para dirigir un equipo de visitadores.

Los mismos criterios deben guiar la selección de aquellos que formarán los equipos que visiten los seminarios. El mundo del seminario es un ambiente cerrado, que incluye a los miembros de la facultad y a los administradores, a los directores de vocaciones diocesanos y al personal de las asociaciones nacionales de directores de vocación y profesorado. Lo mejor sería escoger a los equipos que visitarán los seminarios, con muy pocas excepciones, de fuera del mundo de los «profesionales» de la vocación, cuyo interés por mantener en lo posible el statu quo actual debería ser obvio para todos. Sacerdotes maduros y decididos, que hayan demostrado aptitudes para el reclutamiento de vocaciones y para guiar a los seminaristas serán mejores para realizar la visita a un seminario que los miembros del gremio vocacional. También lo serán los laicos con madurez y experiencia que hayan demostrado ser muy competentes en lo que respecta a la educación en la rama que sea, y que tengan un compromiso sin ambigüedades con el sacerdocio tal y como lo entiende la Iglesia católica.

Si un acercamiento al estilo de la investigación de un fiscal está justificado en estas visitas a seminarios, con más motivo se deberá adoptar al enfrentarse a los graves problemas de algunos noviciados y casas de formación. Cuando la galería fotográfica de los novicios en la página web de la provincia de California de los jesuitas incluye una retorcida fotografía de carnaval de «Guapetón y Jabba la ramera» (finalmente retirada a principios de 2002 después de que el provincial recibió una avalancha de e-mails de protesta), los visitadores de los noviciados pueden asumir razonablemente que algo anda terriblemente mal, y que es imprescindible una reforma desde los cimientos hasta el tejado.

La visita de noviciados y casas de formación de las órdenes religiosas será aún más difícil que la de los seminarios. Muchos seminarios ya han empezado la reforma por sí mismos, pero no puede decirse lo mismo de los noviciados, como prueba el hecho de que un noviciado se vio obligado a emitir una nota en abril de 2002 advirtiendo a los novicios sobre su imprudente presencia en los bares gay. Las órdenes religiosas han gozado históricamente de una considerable independencia y capacidad de autogobierno. Pero cuando las mismas órdenes demuestran su incapacidad para la autorreforma, el Vaticano y los obispos locales deben reunir el valor para ocupar el vacío de autoridad y exigir una reforma completa. «Jabba la ramera» es quizá un caso extremo. La disposición mental que es capaz de tolerar este tipo de conducta, crear esa foto y considerarla una forma apropiada de captar vocaciones no se limita a la provincia de

California de la Compañía de Jesús. Esa disposición mental debe ser desafiada por los visitadores de los seminarios y noviciados, sin temor a que los tachen de «inquisidores», como sin duda hará la cultura de la disidencia.

Reclutamiento y selección

Aunque son convenientes determinados filtros psicológicos para evaluar la candidatura de un hombre como potencial seminarista, es mucho más importante evaluar su fe. En una importante archidiócesis de Norteamérica, sólo un pequeño porcentaje de las preguntas de un formulario enviado por el director de vocación a los amigos y colegas de un seminarista potencial tenían que ver con la fe de ese hombre y con su capacidad de comunicar la aventura de la fe a otros. La mayoría de las preguntas, que tenían que ver con su «personalidad», podrían haber aparecido en el cuestionario de evaluación del departamento de personal de cualquier gran empresa. Y, cuando eso pasa, es que algo va mal.

Es de esperar que las primeras preguntas que se le hagan a cualquier potencial seminarista tengan que ver con su seguimiento de Cristo: ¿Cuánto hace que conoce a Jesucristo? ¿Qué ha hecho durante los últimos años para desarrollar su relación personal con Cristo? ¿Reza habitualmente? ¿Va a misa regularmente? ¿Se confiesa con regularidad? ¿Qué significa para usted el bautismo? ¿Qué significó para usted su confirmación? ¿Cree que durante la Sagrada Eucaristía está recibiendo el cuerpo y la sangre de Cristo? ¿Cómo da forma esa creencia al resto de su vida? ¿Cuáles son sus pasajes favoritos de las escrituras? ¿Por qué? ¿Ha leído muchos libros espirituales? ¿Quiénes son sus escritores espirituales favoritos, y qué ha aprendido de ellos? ¿Cuál ha sido el mejor sermón que ha oído jamás?

El siguiente tipo de preguntas que debe hacérsele a cualquier candidato potencial al seminario tienen que ver con la capacidad de un hombre para la misión: ¿Ha sido usted alguna vez la causa de que alguna otra persona se haya bautizado? ¿Ha colaborado alguna vez en la llegada de alguien a la plena comunión con la Iglesia católica? ¿Es usted padrino o testigo de la confirmación de alguien? Si lo ha sido, ¿cómo ha vivido para cumplir esa responsabilidad? ¿Piensa en sí mismo como en un testigo de Cristo, un apóstol? ¿Cómo ha vivido su vocación bautismal de llevar a Cristo a los demás? ¿Se siente cómodo hablando sobre su fe, especialmente con no creyentes? ¿Ha ayudado alguna vez a otro católico que se debatía sobre cuestiones de fe o sobre aspectos de la doctrina moral de la Iglesia?

Y luego se debe preguntar sobre el sacerdocio mismo: ¿En qué cree usted que consiste ser sacerdote? ¿Cómo difiere la definición católica del sacerdocio respecto de los conceptos que tienen de su ministerio otras comunidades cristianas? ¿Cuál es la relación entre lo que un sacerdote católico *es* y lo que *hace*? ¿Qué señales lo han llevado a creer que Dios lo está llamando al sacerdocio? ¿Cree que el celibato es un precio que se debe pagar por el sacerdocio o es para usted algo diferente? ¿Qué imagina que es el amor célibe y casto? ¿Ha llevado una vida así en los últimos años?

Debería ser obvio que el delegado diocesano de vocaciones no puede esperar que estas preguntas preliminares reciban respuestas teológicamente sofisticadas de un hombre que está sopesando la posibilidad de entrar en el seminario. Pero éstas son las preguntas que es imprescindible hacer *antes* de que comiencen los test y los filtros psicológicos. A menos que un hombre sea un discípulo de Cristo razonablemente maduro, a menos que ya haya demostrado con anterioridad un amor por Cristo que se manifiesta en amor a la gente de Cristo, y a menos que entienda (aunque sea de modo muy rudimentario) que el sacerdocio exige que se vacíe aún más completamente a sí mismo de modo que Cristo pueda trabajar a través de él, a menos que suceda todo eso, no tiene demasiado sentido preguntarse qué tal lo hará un candidato en el test de personalidad de Myers-Briggs, en el Minnesota Multiphasic Personality Inventory o en cualquiera de los otros filtros habituales del maletín de los psicólogos.

Un joven sacerdote que estudió en seminarios antes de que se produjera la reforma de los años noventa nos cuenta que en seis años de formación nadie le preguntó ni una sola vez qué creía acerca de nada. Sus maestros se preocupaban exclusivamente de hacerle preguntas que habían sacado directamente de la psicología secular. Esta desviación ha sido corregida en algunas oficinas de vocaciones y seminarios, pero la reforma debe ser completada. Desde el principio del proceso de formación, en el reclutamiento y en los filtros, la teología una vez más debe tomar primacía frente a la psicología en la formación de los sacerdotes.

La reforma del reclutamiento de vocaciones debe tratar también uno de los más extravagantes fenómenos de la vida católica actual de Estados Unidos: la sospecha que en demasiadas oficinas de vocaciones se tiene de los jóvenes que se presentan a sí mismos conscientemente como católicos ortodoxos. Etiquetar a esos potenciales candidatos de «ideólogos» es un grave error. Creer que su deliberada ortodoxia es un asunto que necesita evaluación psicológica es aún peor. Pero ambas cosas suceden. La ortodoxia debe, por supuesto, combinarse con sensibilidad pastoral, amplitud de miras intelectual, madurez humana y prudencia. Pero los jóvenes católicos que están comprometidos de todo corazón (aunque a veces de forma torpe) con la doctrina de la Iglesia en su plenitud no son parte del problema de infidelidad que se hizo dolorosamente manifiesto en los primeros meses de 2002. Su compromiso con la belleza y con el poder liberador de la ortodoxia es parte de la solución.

La delegación diocesana de vocaciones debe ser una de las principales y constantes preocupaciones del obispo local, cuya relación paternal con los potenciales futuros sacerdotes debería comenzar años antes de que los ordene. Más aún, ya hace tiempo que deberíamos haber reconocido que al frente de las oficinas de reclutamiento y de vocaciones debería haber sacerdotes maduros, atrayentes en lo espiritual. En algunos casos, un obispo parecía ansioso de apacentar a la cultura de la disidencia local nombrando a una monja cuya fidelidad a la doctrina de la Iglesia sobre la naturaleza del sacerdocio no era la adecuada para dirigir una delegación de vocaciones diocesana. Esto debe acabar. Los sacerdotes deben ser los responsables de las delegaciones de vocación en lo tocante al reclutamiento de futuros seminaristas.

Educación para la castidad

A finales de abril de 2002, tras cuatro meses de noticias diarias sobre escándalos y más escándalos sexuales, se le preguntó a un teólogo de la Pontificia Universidad Gregoriana de Roma sobre las tendencias actuales de la formación en seminarios. Contestó que lo que le preocupaba era un «lenguaje de perfeccionismo que a menudo causa la caída [de un sacerdote]». Entonces añadió, creyendo dar un tono más positivo a lo dicho: «Creo que se ha avanzado mucho en los que atañe a enseñar a los seminaristas los límites, es decir, qué es y qué no es apropiado en una relación.»

¿Cómo iba a saber la Iglesia católica que la tan necesitada reforma de los seminarios y los noviciados ya había comenzado? Aquí van dos pistas: cuando ya no se considera que enseñar que se deben mantener los votos sea algo que «causa la caída de un sacerdote», y cuando la idea de los «límites» ha desaparecido para siempre.

Todo cristiano está llamado a una vida de castidad, que la Iglesia enseña como uno de los «frutos del Espíritu Santo», esas perfecciones que el Espíritu Santo trabaja en nosotros y que son una anticipación aquí y ahora de la vida eterna con Dios. La castidad es la integridad del amor, la virtud que le permite a una persona amar de un modo apropiado a su vocación. Para las parejas casadas, la castidad se vive a través del fiel y fructífero amor sexual. Para el sacerdote, la castidad se vive a través de la continencia sexual.

La educación para la castidad célibe comienza con una profundización del seguimiento de Cristo del candidato al sacerdocio. Cristo promete que «Si os mantenéis en mi palabra seréis verdaderamente mis discípulos y conoceréis la verdad y la verdad os hará libres» (Juan, 8.31-32). Esa promesa debe ser el fundamento de toda la formación sacerdotal, y particularmente de la formación de la castidad sacerdotal. Si un programa de formación para el sacerdocio es sobre todo y ante todo un programa de seguimiento de Cristo, basado en la firme convicción de que las verdades reveladas en Cristo liberan tanto como vinculan, entonces los candidatos a sacerdote crecerán hacia un celibato maduro que resistirá las corrupciones de la cultura contemporánea y las corrupciones de la Iglesia contemporánea. Un hombre que ha aprendido a darse por completo a sí mismo a Cristo nuestro Señor es un hombre cuyo corazón, mente y voluntad han sido entrenados para elegir siempre lo bueno y hacer de ello un hábito, un hombre que puede vivir castamente, célibe, incluso en una cultura saturada de sexo. Este compromiso, obviamente, es un desafío; un desafío que puede superarse si los candidatos al sacerdocio aprenden desde el principio de su formación que sus vidas como sacerdotes deben estar basadas en el misterio de Jesucristo crucificado y resucitado. No se trata de una piedad difusa, sino de la roca inquebrantable de la verdad teológica.

La enseñanza del celibato y la formación para la castidad debe tener lugar en el seminario en el contexto de una completa y persuasiva presentación de la ética sexual católica. La ética sexual católica es una afirmación del don de la sexualidad, que insiste en que reducir al sexo al nivel de un deporte de contacto es deshumanizarlo. El desafío humanístico implícito en la ética sexual católica se entiende mejor no como un reto de autocontrol sexual (eso sería una categoría psicológica), sino de autodominio, lo que es una categoría moral, el autodominio que permite a una pareja darse el uno al otro en fidelidad marital, el autodominio que permite a un sacerdote vivir su radical don de sí mismo a Dios y a la Iglesia a través de la continencia sexual.

Durante las décadas de confusión en los seminarios norteamericanos, la ética sexual católica no se explicó de forma persuasiva ni, siendo sinceros, llegó siquiera a vivirse. La encíclica *Humanae Vitae* raramente era defendida. En los seminarios abundaban los profesores de teología moral que participaban de la cultura de la disidencia y transmitían a sus estudiantes que la ética sexual de la Iglesia era, como máximo, una opción más dentro del supermercado de las posibilidades morales. Algunos de los teólogos morales más reconocidos de Estados Unidos reaccionaron a *Veritatis Splendor (El esplendor de la verdad)*, una encíclica de 1993 en que Juan Pablo II hablaba sobre la reforma de la teología moral, como si les hubieran pedido que calificasen el trabajo de curso de un estudiante con pocas luces. A los teólogos ni siquiera se les ocurría pensar que la doctrina autorizada de la Iglesia fuera el rasero por el que hubiera que juzgar *su* trabajo.

Si a un hombre no se le ha enseñado que la ética sexual de la Iglesia es la correcta y que las verdades que contiene son liberadoras (es decir, si se le ha enseñado lo que se les enseñó a muchos seminaristas durante los setenta y los ochenta, respecto a que la doctrina de la Iglesia en muchos de los puntos más debatidos de moral sexual era falsa) es más que probable que no les enseñe a los demás esas verdades cuando sea sacerdote. Y según lo que hemos descubierto en los primeros meses de 2002, es obvio que hombres que han recibido esa mala formación tampoco vivirán vidas de castidad célibe. El engaño intelectual y el autoengaño que han aprendido en el seminario muy a menudo resurgirá en su conducta posterior.

Un candidato al sacerdocio debe estar firmemente convencido antes de ser ordenado de la verdad de la ética sexual de la Iglesia y tener una demostrada capacidad para enseñarla persuasivamente a otros. Un candidato al sacerdocio debe haber demostrado antes de ser ordenado que tiene la capacidad de vivir esa moral comprometiéndose con la castidad célibe. Estos requisitos no tratan solamente de medir la capacidad de un hombre para la obediencia, aunque eso no carece de importancia. Puesto que moral sexual católica es una faceta de la visión sacramental de toda la realidad que tiene la Iglesia (la convicción de que lo extraordinario se agazapa justo en la otra cara de lo ordinario, a través de lo cual se revela al mundo), no lograr adoptar y vivir la moral sexual católica es signo de un fracaso mucho más profundo e incapacitante: el fracaso de ofrecer la imagen católica de un mundo «cargado con la grandeza de Dios», según la célebre expresión del poeta Gerard Manley Hopkins.

Dentro de la imagen sacramental católica, en que las cosas de este mundo siempre apuntan más allá de sí mismas a un mundo de verdad y amor transcendente, el celibato puede verse como lo que realmente es: un radical don de uno mismo que es un preludio de la vida en el Reino de Dios. La vida en el Reino es una perfecta comunión entre las personas y con Dios, aunque Cristo nos advierte que allí «ni ellos tomarán mujer ni ellas marido» (Marcos, 12.25). El celibato vivido «por el Reino» da testimonio de esta verdad. El celibato «por el Reino» es un testimonio viviente de que la tumba o el crematorio no es el final de todo y de que nuestros cuerpos están destinados a la glorificación en una eternidad de generosidad y receptividad perfectas. Al vivir el celibato fielmente, el sacerdote encarna la verdad de que Jesucristo es la respuesta a todos los anhelos del corazón humano, y le enseña a la gente que todo amor genuino apunta al Dios que es Amor. El seminarista que ha sido formado en este concepto de celibato comprenderá que éste no consiste tanto en no hacer algo (por ejemplo, no casarse) sino más bien en hacer algo mucho más grande: apostar la vida entera a la promesa de Jesucristo de que «os aseguro que nadie que haya dejado casa, mujer, hermanos, padres o hijos por el Reino de Dios quedará sin recibir mucho más al presente y, en el mundo venidero, vida eterna» (Lucas, 18.29-30).

Formar a castos célibes en los futuros seminarios reformados necesitará hacer uso de un amor duro. Será imposible ignorar las duras realidades de la vida norteamericana contemporánea: que el celibato sacerdotal es inevitablemente un signo de contradicción en una cultura que insiste en que la expresión sexual es una necesidad. La castidad célibe va en contra de la cultura dominante. La paradoja es que los castos célibes demuestran con sus vidas, con su afirmación de que lo que han abandonado por el Reino es *bueno*, que la Iglesia católica, de hecho, se toma la sexualidad humana mucho más en serio que los editores de *Penthouse* y *Redbook*. Así pues, el célibe debidamente educado y formado, que vive su vida castamente al servicio de los demás, puede ser uno de los instrumentos a través de los cuales se redima de sus excesos a la promesa de la revolución sexual de la liberación a través del amor.

Homosexualidad y seminario

La crisis de 2002 ha reabierto la discusión sobre qué lugar le corresponde al hombre de orientación homosexual en el sacerdocio y, especialmente, en los seminarios. Esa discusión no es una muestra de homofobia, pero las reticencias que antes de la crisis se tenían a enfrentarse a escándalos de sacerdotes homosexuales abusando de adolescentes y jóvenes sí era, de hecho, un caso de lo que algunos han denominado «homofobiafobia». De cualquier forma, la discusión ya está planteada: ¿deberían las delegaciones de vocaciones diocesanas y los seminarios averiguar la orientación sexual de los candidatos y rechazar a aquellos hombres que declaren que sus deseos eróticos son homosexuales o que se descubre mediante test que manifiestan esos deseos de forma inconsciente?

Enfrentarse a esta pregunta con inteligencia y caridad comporta cerrar la brecha que se ha abierto en el pensamiento católico entre «orientación» y «acto». Cuando un profesor en un seminario o un obispo dicen que la cuestión no es si un hombre tiene orientación homosexual sino si «la lleva a cabo», ese profesor u obispo cometen un error teológico grave. Según la doctrina católica consolidada, cuya versión autorizada encontramos en el *Catecismo de la Iglesia católica*, la orientación homosexual es «intrínsecamente desordenada», una disfunción espiritual que debe reconocerse como tal y solucionarse si es que un hombre quiere vivir castamente la integridad del amor. No puede haber ninguna ocultación en este punto en el reclutamiento para el seminario ni en la formación sacerdotal. Sea como fuere que la psicología considera la homosexualidad, la teología ni puede pensar ni piensa en la «orientación homosexual» como algo sin importancia o espiritualmente «neutro».

Más aún, los directores de vocaciones, profesores en los seminarios y los obispos deben reconocer los especiales desafíos a la castidad que enfrenta un hombre de orientación homosexual, dado el homoerotismo agresivo de nuestra cultura y las pautas de promiscuidad de la subcultura gay.

¿Quiere eso decir, como algunos obispos han sugerido recientemente, que la Iglesia simplemente debería rechazar a los candidatos al sacerdocio con orientaciones homosexuales? No, de ninguna manera. La distinción crucial para aceptar a un hombre en un seminario debe ser entre un hombre con «orientaciones homosexuales» y un hombre que se declara abiertamente «gay».

Según la propia subcultura gay declara, un gay es un hombre que ha hecho de su deseos homoeróticos el centro de su personalidad y de su identidad, que manifiesta esos deseos a otros, que defiende que esos deseos y los actos a los que pueden conducir son moralmente buenos, y que él mismo actúa sexualmente de forma homoerótica. Un hombre como ése no pinta nada en un seminario. Está en desacuerdo con la doctrina moral tradicional de la Iglesia, o lo que es lo mismo, no está en comunión plena con la Iglesia. Parece que no comprende que la incapacidad de concebirse a sí mismo como marido o como padre hace imposible para un hombre darse a sí mismo como un casto marido a su esposa, la Iglesia, y plantea serias dudas sobre su capacidad para ser el padre espiritual de su congregación. Además, un hombre que se reconoce como gay es, en un seminario, una molestia para los demás: un hombre que mira a sus compañeros de seminario como objetos sexuales no es un hombre cuya presencia allí vaya a ayudar a una buena y ordenada convivencia.

Por otra parte, se despejaría un poco la enrarecida atmósfera si la Iglesia declarase que un hombre de orientación homosexual que está cualificado intelectualmente, que no ha hecho de sus deseos homoeróticos el centro de su personalidad ni de su identidad, que ha estado llevando una vida de castidad célibe durante un período de tiempo suficiente, que reconoce que sus deseos homosexuales son un desorden y que ha demostrado que puede dominarlos a través de la disciplina espiritual y que claramente manifiesta una comprensión del sacerdote como un padre espiritual, es bienvenido como candidato al sacerdocio. Tal candidato no haría de su homosexualidad un tema de orgullo ni de vergüenza, ni como seminarista ni después como sacerdote. Al contrario, reconocería que hacer bandera de ese tema impediría su ministerio. La formación de ese seminarista debería tener en cuenta la presión que la cultura contemporánea pone sobre él para que lleve a cabo sus deseos, y debería equiparlo teológica y espiritualmente para superar los desafíos a los que se enfrentará regularmente.

Por lo que representa a los seminaristas actuales, la peor respuesta que podemos adoptar ante la crisis de 2002 sería seguir una política tácita de «no te preguntamos, no nos contestes». Deben hacerse preguntas y deben darse respuestas, siempre sin perder de vista que el objetivo es ayudar a un hombre a decidir si tiene orientaciones homosexuales o bien si es gay y está decidido a seguir siéndolo. Si es lo primero, una discusión abierta sobre su situación sólo puede ser beneficiosa y ayudarlo a madurar como casto célibe. Si es lo segundo, debe hacérsele comprender que no es un candidato apropiado para el sacerdocio, o debe ser descartado.

Poner la psicología en su sitio

El psicólogo ha sido un miembro habitual de la plantilla de los seminarios durante más de tres décadas, con la consecuencia inevitable de que a él, o a sus colegas psicoterapeutas fuera del seminario, se han remitido todos los temas que tenían que ver con la maduración sexual de los seminaristas. Esto debe cambiar. Aunque los psicólogos competentes pueden ser útiles para ayudar a un hombre a crecer y madurar como ser humano, no debemos creer que ese crecimiento es lo mismo que la formación teológica y la madurez espiritual.

Los temas de maduración sexual y de formación en la castidad célibe no competen primordialmente al psicólogo del seminario, pues en el contexto de la formación para el sacerdocio no son asuntos que se basen en la psicología. Más bien, son primordialmente asuntos de teología, dirección y formación espiritual. Sin una cuidadosa preparación en teología dogmática, moral y ascética, los seminaristas no entenderán el porqué del celibato. Por lo que respecta a la dirección espiritual y a la formación, parece obvio que este tipo de trabajo se lleva mejor a cabo en los seminarios por sacerdotes santos y maduros que puedan enseñar a otros cómo llevar una vida de castidad célibe. Las monjas y los miembros laicos del personal de la facultad pueden ser útiles en otras esferas de la formación sacerdotal, pero nadie enseñará mejor a vivir la castidad célibe que aquellos hombres castos y célibes cuyo sacerdocio exhibe las cualidades que los seminaristas deberían imitar.

En cualquier seminario se plantearán situaciones en que el claustro crea que es más conveniente buscar la ayuda profesional de psicólogos o psiquiatras para solucionar los problemas concretos de un candidato. Es urgente decidir qué tipo de ayuda profesional es la apropiada en esos casos. En las últimas décadas se ha enviado a demasiados seminaristas a ser atendidos por psicólogos o psiquiatras que no sólo no aceptan la moral sexual de la Iglesia católica, sino que creen que es un camino seguro para el desequilibrio psicológico. Esto también debe cambiar.

La teología moral y la psicología bien fundamentada deben aportar los criterios apropiados. Para que se los considere válidos para trabajar con candidatos al sacerdocio, los psicólogos y psiquiatras deben, obviamente, ser profesionales bien preparados cuyos méritos estén certificados por sus respectivos colegios o asociaciones. Deben ser también hombres o mujeres que estén de acuerdo con la Iglesia católica en cuestiones fundamentales sobre la vida moral y sobre el celibato. Deben creer en el libre albedrío, es decir, en que los adultos normales toman decisiones libres y no «actúan» bajo una amplia variedad de impulsos. Deben estar de acuerdo con la Iglesia en que todas las relaciones sexuales fuera del vínculo del matrimonio están moralmente mal y que son perjudiciales para todos los involucrados. Deben reconocer que los adultos normales pueden vivir la castidad célibe en perfecta continencia. Deben creer, con la Iglesia, que la gente que hace promesa de celibato debería mantenerla (igual que la gente se compromete en el matrimonio), y deben animar a sus pacientes a hacer exactamente eso, en lugar de ayudar simplemente a los pacientes a tomar decisiones.

Bajo las presiones críticas y políticas que generó la crisis de 2002, muchos obispos se sintieron tentados a ceder a la cultura de la psicoterapia aún más territorio perteneciente a la Iglesia. Pero no habría ni que decir que tras treinta y cinco años está absolutamente claro que la respuesta a la indisciplina clerical no es más psicoterapia, sino más fidelidad, darse más radicalmente uno mismo a Cristo. La reforma de los seminarios es un tema de santidad, no de psicoanálisis ni de ningún otro triste subproducto que provenga de él.

Las riquezas de la teología

También hay que reformar a fondo la educación teológica de los candidatos al sacerdocio. Los actuales programas de formación (especialmente aquellos que se refieren a los futuros sacerdotes diocesanos) no están logrando, en su mayoría, sacerdotes que tengan un buen dominio de la rica herencia teológica de la Iglesia católica, ni que crean que sumergirse de por vida en esa herencia es otra de las responsabilidades de su vocación. Parte de la causa de todo esto es el período de confusión en la educación religiosa que sobrevino en Estados Unidos en las dos décadas siguientes al Concilio Vaticano II.

El típico curso de teología que se les imparte a los sacerdotes antes de la ordenación dura cuatro años. Durante al menos veinte años hasta la actualidad, los profesores de teología y los administradores de los seminarios se han quejado de que los seminaristas que comienzan el primer año de teología a menudo llegan con una base catequética muy pobre. No debería sorprender a nadie si tenemos en cuenta la temporada tonta que tuvieron la catequesis y la educación religiosa en Estados Unidos desde los sesenta y que duró prácticamente veinte años. Fue un período durante el cual los graduados en escuelas elementales o institutos católicos no eran capaces de enumerar los siete sacramentos, pero sí salían perfectamente armados para discutir que cada milagro de los evangelios era una ficción creada por los fieles. Ha habido muy pocos seminarios que hayan cambiado sus programas de formación intelectual lo suficiente como para adaptarse a estos hechos.

La mayoría de los miembros docentes del seminario son entrenados en escuelas de posgrado de teología y llevan a su enseñanza en el seminario la aproximación crítica que adquirieron allí. La consecuencia, por desgracia, es que a demasiados seminaristas se les pide que deconstruyan la tradición católica antes de que ni siquiera hayan aprendido en qué consiste esa tradición. Si asumimos lo que hoy en día debe asumirse (que los que llegan al seminario tienen una formación catequética pobre tanto en la escuela como en el instituto —si es que escogieron la asignatura— y en la universidad), el profesorado de los seminarios simplemente no puede seguir trabajando según el esquema típico de las escuelas de posgrado de teología. Lo primero que los candidatos al sacerdocio deben aprender es la tradición doctrinal, moral, litúrgica y espiritual de la Iglesia. Sólo después de haber aprendido esta tradición pueden enfocarla de forma crítica. Si un temario de teología de un seminario no empieza con la enseñanza de la tradición católica, la consecuencia será el caos intelectual y la confusión moral... y otra generación más de sermones aburridos.

Quizá el fracaso mayor en el que incurren incluso los seminarios reformados y bien gestionados es que sus estudiantes no se gradúan con la convicción de que la teología es su disciplina científica, un conjunto de pensamientos con el que deben mantenerse al día durante el curso de sus vidas como sacerdotes. Prácticamente todos los jóvenes doctores que se gradúan en la Facultad de Medicina creen que leer regularmente el *Journal of the American Medical Association*, el *New England Journal of Medicine* y publicaciones profesionales similares es parte de su formación continua como profesionales. Pocos, poquísimos de los sacerdotes recién ordenados piensan lo mismo sobre mantenerse al día de las últimas corrientes en teología, ni siquiera a través de fuentes no directas.

Esta actitud tiene que ver, casi con toda seguridad, con las confusiones que se dan en la educación teológica, debido a las cuales los seminaristas no sólo no aprenden la gran tradición de la Iglesia, sino que además acaban recelando de todo lo que tenga que ver con ella. Los seminaristas formados en un ambiente intelectual en el que se da por supuesto que el pensamiento moderno es superior a todas las corrientes anteriores no pensarán en san Agustín, santo Tomás de Aquino o san Buenaventura como hombres en cuyas obras deberían seguir profundizando durante su ministerio. Los seminaristas a los que se les ha sugerido, tácita o explícitamente, que «tradición» es sinónimo de «oscurantismo» nunca sentirán la tradición católica como una cosa viva y en perpetuo desarrollo, una conversación entre culturas a través de los siglos mantenida dentro de unas fronteras autorizadas, y tampoco serán capaces de presentarla así a su gente cuando sean sacerdotes. Estos sacerdotes con una formación intelectual defectuosa contribuyen, consciente o inconscientemente, a la idea de que todo en la Iglesia católica es cuestión de poder, cuando en realidad los temas de importancia que se debaten en la Iglesia son todos temas relativos a la verdad.

Estas confusiones deben cesar si queremos que los futuros sacerdotes de Estados Unidos le hablen de forma inteligente a una de las poblaciones católicas mejor educadas de la historia de la Iglesia. Las medidas que se deben adoptar incluyen asegurarse de que los miembros del profesorado son impecablemente ortodoxos, entienden la particular naturaleza de la educación teológica en un seminario y llevan vidas de santidad como sacerdotes, religiosos o católicos laicos. No es un tema de represión intelectual, sino de sentido común, el insistir en que todo miembro del profesorado de los seminarios acepte, y esté preparado para defender, los puntos de la doctrina de la Iglesia católica que reciben más ataques, incluyendo la doctrina sobre la imposibilidad de ordenar mujeres al sacerdocio y la moral sexual de la Iglesia. Los hombres y las mujeres que no acepten esta doctrina no pueden explicarla de forma adecuada a los seminaristas que deben aprenderla y explicarla a su vez como sacerdotes. Por decirlo de nuevo, la ortodoxia en las clases del seminario debe verse menos como un tema disciplinario que como una cuestión de integridad intelectual católica. Buena parte de la cultura de la disidencia ha olvidado el simbolismo sacramental católico, cuya recuperación es de importancia capital para la reforma de la vida católica. No tiene ningún sentido nutrir ese olvido en los seminarios.

La teología, comprendida correctamente, no es una especie de historia de las religiones. La teología no adopta un punto de vista neutral ante la tradición católica. Las convicciones morales y religiosas de un profesor de historia de las religiones no tienen más relevancia para su trabajo que la que puedan tener las convicciones morales y religiosas de un bioquímico en lo que respecta al estudio de los compuestos inorgánicos. La teología es diferente. La teología es un esfuerzo intelectual disciplinado que intenta comprender la revelación divina. La teología comienza con la revelación, tal y como ésta se encuentra en las Escrituras y en la Tradición, y debe ceñirse a esa revelación. Por eso, las convicciones de un teólogo son importantes para su trabajo. Y por eso también deben tenerse en cuenta en el momento de contratar a miembros para el profesorado de los seminarios. Decir esto no es una violación de la «independencia académica» ni tampoco se trata de prohibir la teología especulativa en los seminarios. Los seminaristas deben entender que la teología es una ciencia en perpetua evolución. Pero toda especulación debe tener lugar dentro de una firme convicción para «pensar con la Iglesia», y dentro de una clara comprensión de que la regla de la fe viene determinada por los pastores de la Iglesia, no por sus teólogos.

El mismo criterio debe aplicarse a aquellas facultades de teología o «uniones» o consorcios teológicos en los que hombres que se están preparando para ser sacerdotes diocesanos o para llevar una vida religiosa estudian a veces (por ejemplo, el Graduate Theological Union en Berkeley, California, o la Pontificia Universidad Gregoriana en Roma). Aunque ha habido algunos avances notables en la reforma de aquellos seminarios que albergan sus propias facultades de teología, la reforma de estas facultades independientes y sus núcleos apenas ha comenzado y, cuando lo ha hecho, ha sido por accidente, por un cambio generacional en el que los teólogos que apoyaban a la cultura de la disidencia han pasado a la jubilación. Incluso si los seminarios y las instituciones de formación religiosa son reformados a fondo, aún puede darse que los seminaristas y novicios reciban una formación deficiente si asisten a facultades de teología donde la disidencia es aún considerada por los maestros como señal de respetabilidad intelectual. Todo esto nos lleva a sugerir que hace falta un tercer tipo de visita apostólica, además de las que tendrán lugar en seminarios y noviciados: una visita apostólica de todas las facultades de teología cuyos estudiantes incluyen a candidatos al sacerdocio, ya sean seminaristas diocesanos o novicios.

En *Pastores Dabo Vobis*, Juan Pablo II pedía que los seminaristas adquirieran una formación intelectual más sólida, sobre todo en filosofía y teología. Los sacerdotes que carecen de curiosidad intelectual no serán capaces, nos dice el papa, de «hacer el Evangelio creíble ante las legítimas exigencias de la razón humana». Así pues, los sacerdotes deben pensar en la teología como su disciplina profesional, como una herramienta imprescindible en su ministerio. Por el mismo motivo, continúa el papa, la teología es, esencialmente, un medio de nutrir la relación personal de uno mismo con Jesucristo. Esto quiere decir que la teología debe practicarse tanto de rodillas, rezando ante el Santísimo Sacramento, como en la mesa de la biblioteca del seminario. La teología debe enseñarse y aprenderse en presencia del Señor, y debe nutrirse de un diálogo interior constante con el Señor. La verdadera teología, «hablar sobre Dios» comienza en la oración y acaba en la alabanza.

Así pues, también la teología es un medio para crecer en santidad. La educación teológica de los candidatos al sacerdocio debe reflejar esto. Si no es así, fallará a la Iglesia y fallará a los sacerdotes. La reforma, como siempre, significa volver a las raíces. Los teólogos y los seminaristas que preparan deben redescubrir el coraje de ser católicos al vivir la aventura de la ortodoxia.

CAPÍTULO SIETE
El programa de reforma: el sacerdocio

Cuando la Iglesia católica de Estados Unidos hacía frente, a principios de 2002, a las oleadas de escándalos clericales, se decía a menudo (aunque no siempre se transmitía en los medios) que hay decenas de miles de buenos y fieles sacerdotes en Norteamérica. Se trata de hombres que han mantenido las promesas que hicieron solemnemente el día de su ordenación y que dedican sus vidas al servicio de Cristo y de la Iglesia. Eso es cierto, y decirlo no es, como algunos han sugerido, una forma de intentar evadir el problema. O al menos, no tiene por qué serlo. Lo cierto es que la fidelidad de los sacerdotes es una parte tan importante de la Iglesia católica de hoy en día como lo son los escándalos de abusos sexuales y la irresponsabilidad de los obispos.

La fidelidad de tantos sacerdotes es una gran bendición. También es un recurso magnífico e imprescindible para el sacerdocio si es que quiere convertir la crisis de 2002 en una oportunidad para una reforma auténtica. Esa reforma no puede consistir en que el sacerdocio católico se convierta en una imitación de los otros tipos de ministerio que se dan en otras comunidades cristianas. La reforma del clero católico no puede consistir en hacer que los sacerdotes católicos se parezcan más a los anglicanos, luteranos, presbiterianos, metodistas, congregacionalistas o unitarios. Sólo puede consistir en hacer que los sacerdotes católicos se vuelvan más intensa, intencional y manifiestamente *católicos*.

Aunque la conducta sexual delictiva del clero tiene tantas explicaciones como diferentes caracteres humanos existen, la realidad fundamental que se halla en los abusos sexuales del clero es la infidelidad. Por decirlo de otro modo: un hombre que cree ser lo que la Iglesia católica le enseña que es, un icono viviente del eterno sacerdocio de Jesucristo, el Hijo de Dios, no se comporta como un depredador sexual. *No puede* comportarse de ese modo. Sí, es cierto, peca. Sí, es un recipiente de barro que alberga un gran tesoro sobrenatural: puede que su sermón no sea muy inspirado, puede que su elección de la música para la misa del domingo sea deplorable, puede que dé algunos consejos estúpidos. Pero no usa su cargo para seducir y abusar sexualmente de menores. Ni tampoco para cometer otro tipo de conducta sexual inapropiada.

La Iglesia católica ha enseñado desde siempre que lo que un sacerdote *es* posibilita lo que *hace*, en el altar, en el confesonario, en el púlpito o junto al lecho de un moribundo. De una forma curiosamente irónica, incluso paradójica, la verdad de esa enseñanza se ha hecho más clara por el escándalo de los abusos sexuales del clero. Si un hombre *no* cree en lo que *es* por virtud de su ordenación y no representa el sacerdocio eterno de Cristo en el mundo, sus deseos pueden adueñarse de su personalidad, y una vida que se pretendía que fuera un radical ofrecimiento de sí mismo puede convertirse en una constante y perversa afirmación de sí mismo, en la que su cargo de sacerdote se convierte en un instrumento de seducción.

Los sacerdotes se hacen, no nacen. Aunque su seguimiento de Cristo debe hacerse más profundo durante el curso de su ministerio, un hombre debe ser un discípulo cristiano completamente convertido antes de ser un sacerdote. El seguimiento de Cristo es *el* requisito previo al sacerdocio. Un discípulo cristiano es alguien cuya vida está conformada por la convicción de que al mirar a la cruz de Cristo está mirando a la verdad capital de la historia humana: el amor de Cristo por el mundo, que era tan grande que nos dio a su propio Hijo para nuestra redención. Convencido de ello, un hombre que se plantea ser sacerdote está comprometiéndose a ser otro Cristo, un *alter Christus*, otro testigo de la verdad de que Dios tiene para la humanidad un destino más allá de lo que podemos imaginar: la vida eterna bajo la luz y el amor de la Santísima Trinidad. Por eso Juan Pablo II ha insistido durante todo su pontificado en que el sacerdocio no consiste en tener poder, sino en servir.

Por decirlo de otra manera, el sacerdote no debe tener ninguna duda de que la historia de la Iglesia no es solamente eso, sino que es la historia del mundo explicada en toda su verdadera amplitud. Un sacerdote debe creer que lo que el catolicismo ofrece al mundo no es otra marca en el supermercado de las espiritualidades, sino la verdad sobre el mundo mismo, sobre sus orígenes y su destino. No una verdad que sea cierta «para los cristianos» o una verdad que sea cierta «para los católicos», sino *la verdad*. El sacerdote católico que es un auténtico converso al cristianismo entiende en toda su extensión que la verdad en este mundo emerge de distintas fuentes, entre las que se incluyen otras comunidades cristianas, otras religiones y los mundos de la ciencia y la cultura. El sacerdote católico que es un auténtico converso al cristianismo también comprende que todas esas otras verdades tienden hacia la única Verdad, que es el Dios y Padre de Jesucristo.

Y da testimonio de eso al mundo.

Por vía de su ordenación y de su promesa de celibato, el sacerdote católico se aparta del mundo para ayudar al mundo. En una cultura como la nuestra, su vida es una contradicción de lo que el mundo cree que es importante. Pero el sacerdote no va a contracorriente. El ser diferente no es un fin en sí mismo, no es una voluntad de ser distinto. El sacerdote está en contradicción con el mundo para que el mundo pueda aprender la verdad sobre sí mismo y pueda ser convertido. La radical disposición a servir a los demás que debe hacerse evidente en la vida santa y feliz de un sacerdote es una lección viviente para el mundo de que la generosidad de darse uno mismo, no una la voluntad de autoafirmarse, es el verdadero camino para el crecimiento del ser humano. La obediencia del sacerdote a las verdades de la fe y el poder liberador que genera en él el hecho de ser un hombre entregado a los demás recuerdan al mundo entero que la verdad une y separa al mismo tiempo. Vivido en su integridad, el celibato del sacerdote es un testimonio poderoso de la verdad de que hay cosas por las que merece la pena morir, incluso morir uno mismo. La renuncia del sacerdote al bien de la comunión marital y al bien de la paternidad física es un recordatorio de que esas dos cosas son, de hecho *buenas*, y deberían hacer posible en él una auténtica y generosa paternidad espiritual.

Al enseñar la doctrina de la fe católica, al santificar a su gente a través de los sacramentos y al gobernar con justicia esa porción del pueblo de Dios que se ha confiado a su autoridad pastoral, el sacerdote católico hace posible que hombres y mujeres se conviertan en santos, en la clase de gente que puede vivir con Dios para siempre. Y eso, según nos enseña la Iglesia católica, es lo que Dios quiso para la humanidad «desde el principio». Por eso el Hijo de Dios entró en la historia para redimir al mundo. Por eso el Espíritu Santo santifica la Iglesia y, a través de la Iglesia, al mundo entero. Todo esto tiene por objeto preparar a los hombres y mujeres para la vida eterna en perfecta comunión los unos con los otros y con Dios. Todo esto pretende hacer santos o, mejor, cooperar con Dios en su voluntad de hacer santos.

Para eso está el sacerdote católico. Y por eso un sacerdote católico debe entenderse a sí mismo como lo que es (una imagen viviente del eterno sacerdocio de Cristo) y adecuar su vida, en todas sus facetas, a esa verdad fundamental.

Una educación continua

La «educación continuada del clero» ha sido un tema de conversación constante en los círculos católicos de Estados Unidos durante un cuarto de siglo o más. La frase refleja la convicción de que la educación de un hombre en y para el sacerdocio no acaba el día de su ordenación, sino que debe continuar a través de su sacerdocio. Como el propio Concilio Vaticano II (y tomando un término de su vocabulario), la educación continuada del clero es un tema tanto de *aggiornamento* (puesta al día) como de *ressourcement* (un retorno a las antiguas fuentes de sabiduría cristiana). Desgraciadamente mucha de la educación continua del clero durante las últimas décadas ha acentuado lo primero, a veces de forma estrambótica, y se ha olvidado de lo segundo.

La reforma del sacerdocio debe incluir programas de educación continuada del clero que ignoren el eneagrama y otras sandeces de la psicología pop y de la «espiritualidad» para enfocarse intensamente en la profundización de cómo un hombre se entiende teológicamente a sí mismo y a su sacerdocio (sus orígenes en el Nuevo Testamento, su desarrollo histórico y el mejor análisis contemporáneo de su vocación única). Incluso aquellos programas de educación continua que no caen en la trampa de la psicojerga tienden a acentuar lo puramente formal en lugar de explorar la firmeza de la sustancia teológica del individuo. Esto debe cambiar. Las técnicas para la liturgia, la administración, la predicación o la dedicación pastoral pueden aprenderse fácilmente de otros sacerdotes. La educación continua seria para los sacerdotes, desde seminarios de una semana a cursos de seis meses, debe centrarse en el futuro en la teología.

Esto es especialmente importante para aquellos sacerdotes cuya educación teológica se realizó durante las décadas de confusión en los seminarios que abarcan desde mediados de los sesenta a finales de los ochenta (y en algunos casos aún más). Es un caso poco habitual encontrar a un sacerdote de esa era que esté bien instruido en la teología católica tradicional. Eso, junto a los programas de educación continuada que no han logrado rectificar esos vacíos, ayuda a explicar otro de los fenómenos más raros de la vida católica contemporánea en Estados Unidos: laicos que utilizan el *Catecismo de la Iglesia católica* para contradecir las rarezas doctrinales que a veces oyen desde el púlpito. La generación de sacerdotes ordenada entre principios de los setenta y finales de los ochenta incluye a muchos buenos pastores a los que se les ha escatimado la teología que les corresponde por derecho como sacerdotes. La reforma del sacerdocio católico en el siglo XXI necesita devolverles ese derecho a través de formación continua centrada en la teología.

El obispo local debe tomar el liderazgo para que sus sacerdotes reciban educación teológica y pastoral continuada, asegurándose de que la enseñanza sea ortodoxa y dando su apoyo e, idealmente, estando presente en los programas de formación continua de los sacerdotes, de modo que éstos comprendan que también él es parte de un presbiterado de estudiantes que buscan profundizar su relación con Jesucristo a través del estudio concienzudo de la tradición de la Iglesia. Pero, de todas formas, el papel del obispo en la formación continua de sus sacerdotes va más allá de proveerlos de programas oficiales.

Aunque es el propio sacerdote el máximo agente de su propia formación, una relación honesta, abierta y cercana con su obispo es también parte crucial de ese trabajo de toda una vida que es mantenerse fiel a su vocación y a sus compromisos. En algunos casos esto requerirá un nuevo punto de vista tanto por parte de los sacerdotes como por parte de los obispos. Una de las responsabilidades más importantes de un obispo local es no escatimar nunca esfuerzos para ayudar a que sus sacerdotes vivan hasta el más pequeño aspecto de sus vidas según el Evangelio. Más aún, este tipo de responsabilidad espiritual tiene que ser entendida tanto por los sacerdotes como por los obispos como parte integral de su relación, no como una especie de intromisión ilegítima del «empleador» en la «vida privada» del sacerdote.

Como cualquier buen padre, el obispo debe hacer a sus hijos espirituales preguntas específicas, concretas y detalladas sobre la forma en que están viviendo su vocación sacerdotal: ¿Cada cuánto reza? ¿Ve regularmente a su director espiritual? ¿Duerme solo? ¿Es la pornografía en Internet una tentación problemática? ¿Son sus actividades de ocio adecuadas para un sacerdote? ¿Son sus relaciones, tanto con otros sacerdotes como con los laicos, moralmente intachables? ¿Tiene problemas con el alcohol? ¿El celibato le hace sentir plenitud o lo siente como una carga? ¿Vive su celibato de una forma fiel y tranquila?

Si estas preguntas se hacen en el contexto de una auténtica paternidad espiritual, es decir, si el obispo se ha mostrado a sus sacerdotes como un pastor y un padre, no sólo como un directivo eclesiástico, el sacerdote entenderá que su obispo está examinando su vida con tanto detalle por el bien de la Iglesia y entenderá que responder con franqueza es bueno para su diócesis, sus colegas sacerdotes y para su propio sacerdocio.

Profundizar en la fraternidad

El sentimiento de fraternidad que existe en el clero católico es tanto un bien en sí mismo como una oportunidad para la formación continua. Desde el Concilio Vaticano II han florecido en Estados Unidos una serie de diferentes tipos de «grupos de apoyo para sacerdotes», primordialmente enfocados a compartir problemas y enriquecer las vidas espirituales de los sacerdotes. Si a estos programas se añadiera el estudio de la teología, podrían erigirse en un instrumento aún más poderoso para profundizar en la identidad y la fraternidad del clero.

Del mismo modo, cuando los sacerdotes de una diócesis local están agriamente enfrentados por cuestiones de doctrina, moralidad o práctica litúrgica, hombres que deberían compartir un círculo íntimo se convierten en extraños. Y, en la cultura actual, un hombre soltero, que habitualmente vive solo y que está apartado de aquellos que deberían ser sus amigos, es un hombre vulnerable a la tentación de llevar una conducta sexual inapropiada.

Aquí, de nuevo, es crucial el papel del obispo. Si el obispo cree que su principal función es mantener al clero razonablemente tranquilo haciendo que todos participen en los debates, no estará en situación de cerrar las disputas que surgirán por causa de los puntos de vista poco ortodoxos de algunos sacerdotes, de su extraña liturgia o de su conducta inapropiada. La unidad que merece la pena nutrir y profundizar entre los sacerdotes de la diócesis es una unidad en la verdad: en predicar y enseñar la plenitud de la fe católica, en observar las normas litúrgicas, en una conducta personal intachable. Lo mejor que algunos obispos podrían hacer por la fraternidad de sus sacerdotes es desafiar abiertamente a aquellos sacerdotes cuyo modo de pensar y cuyo estilo de vida sugieren que su comunión con la Iglesia no es completa. Ese desafío es la condición necesaria para que vuelvan, con la ayuda de sus hermanos sacerdotes, a vivir plenamente su vocación.

Dar la bienvenida a los recién ordenados

La experiencia de la fraternidad sacerdotal es particularmente importante para los sacerdotes jóvenes. Uno de los problemas más serios a los que se enfrentan los sacerdotes de Estados Unidos hoy en día es la soledad, pues cada vez más parroquias cuentan con un solo sacerdote. La soledad, a su vez, es el caldo de cultivo de la tentación. El obispo local y sus sacerdotes deben hacer un esfuerzo coordinado para asegurarse de que los sacerdotes estén en contacto los unos con los otros de forma habitual, y en particular deben asegurarse de que los sacerdotes jóvenes participen de esa fraternidad del sacerdocio y reciban el apoyo de sus colegas durante esos primeros y cruciales años de su ministerio.

A menudo sucede, y es como mínimo imprudente, que un obispo asigne a un sacerdote recién ordenado una parroquia en la que debe vivir solo. Desde luego, hasta donde sea humanamente posible, ningún sacerdote debe ser asignado a una parroquia en la que viva solo hasta que haya completado como mínimo cinco años, y preferiblemente diez, de ministerio sacerdotal. Si para lograr este objetivo hay que retrasar la habitual jubilación de los sacerdotes, que hoy llega a los setenta años,[1] entonces hay que hacerlo. Más aún, los sacerdotes recién ordenados deben pasar los primeros años de su sacerdocio en parroquias, no en las oficinas de la cancillería o como secretarios del obispo. Si un joven realmente quiere pasar los primeros años de su sacerdocio como burócrata o chófer, es claro que algo falla en la comprensión de su vocación o en su formación. El obispo tiene una especial responsabilidad paternal hacia sus

---

1. En España es a los setenta y cinco. *(N. del e.)*

nuevos sacerdotes, y ejercer esta responsabilidad incluye asegurarse de que el sacerdote recién ordenado recibe abundantes oportunidades de ser lo que ahora es, y de hacer las cosas que sólo él puede hacer. Eso quiere decir realizar trabajos de parroquia o de capilla de escuela, no un salto inmediato a la vía rápida de la carrera en la burocracia católica local.

Yendo más allá, el obispo local debería retomar la antigua costumbre de reunirse con sus nuevos sacerdotes y conducir personalmente la primera fase de su formación continuada como sacerdotes. Lo que era suficientemente importante para san Agustín cuando era obispo de Hipona en el siglo V debería ser también importante para los obispos del siglo XXI. Aunque el obispo tiene la obligación de ser accesible a todos sus sacerdotes de forma habitual, los obispos que adquieren la responsabilidad de dirigir la formación continua de sus sacerdotes recién ordenados de una forma directa y personal son los obispos que están construyendo los presbiterados fuertes y llenos de vitalidad del futuro.

Ascetismo y estilo de vida

La reforma del sacerdocio católico en Estados Unidos también necesitará revisar de forma crítica el estilo de vida que llevan los sacerdotes actualmente.

No hay ningún modelo de ascetismo sacerdotal que sea apropiado para la enorme variedad de modos en que los sacerdotes viven sus vocaciones en la Norteamérica actual. Lo que sí puede afirmarse es que el ascetismo (la elección deliberada de un modo de vida que requiere sacrificio y autodisciplina) es esencial sea cual sea el modo en que esa vocación se viva. El ascetismo sacerdotal no consiste solamente en la continencia sexual. Desde luego, un sacerdote es menos proclive a vivir su promesa de castidad célibe con fidelidad si no está viviendo ascéticamente, y por elección propia, en otros aspectos de su vida: vestido, posesiones, alcohol, elección de compañías y ocio.

El ascetismo del sacerdote comienza en el mismo lugar en que comienza para cualquier cristiano: con la oración. Durante los primeros meses de la crisis de 2002, un famoso sacerdote teólogo, el padre Matthew Lamb, escribió lo siguiente en el *Boston College Chronicle*: «Me juego lo que sea a que ninguno de los sacerdotes que cometieron estos pecados y delitos cumplía los siguientes cinco requisitos para llevar una buena vida sacerdotal en Cristo: 1) celebrar y reverenciar la misa diaria; 2) rezar diariamente el Divino oficio; 3) pasar una hora todos los días en comunión mediante la oración con la Divina Trinidad; 4) nutrir su mente y su corazón con lecturas diarias de la Sagrada Escritura y escritos de los grandes santos y doctores de la tradición católica, y 5) examen de conciencia diario para profundizar en su condición de pecador que recibe el perdón por la gracia de Dios, junto a confesión sacramental regular y dirección espiritual.» A juzgar por los artículos de prensa de los modos de vida de algunos depredadores sexuales clericales, no hace falta realizar un estudio científico para saber que el padre Lamb estaba apostando sobre seguro. A continuación, sacó la conclusión correcta: «No importa cuántas reformas estructurales emprendamos. No irán a la raíz de estos escandalosos delitos ni tendrán efecto alguno si ignoran la importancia fundamental de estos cinco elementos diarios en la auténtica vida y práctica sacerdotal.»

Un sacerdote no puede ser un hombre para los demás si vive como los demás. Su vestimenta, su comportamiento (en privado y en público), y sobre todo su plegaria, deben reflejar una determinación diaria de renunciar a muchos bienes por el Reino. Eso no quiere decir que los clérigos de parroquia deban vivir como los ermitaños del desierto egipcio de las primeras comunidades cristianas, pero sí que el modo de vida de un sacerdote, su forma de trabajar y su ocio, deben reflejar siempre lo que es. Un hombre no es un sacerdote sólo durante las horas en que la parroquia está abierta. Si no es un sacerdote a todas horas, todos los días, si no adapta deliberadamente su vida para que la incografía de su sacerdocio sea obvia, su concepto del sacerdocio es deficiente y su vulnerabilidad a la tentación será mayor.

Sacerdotes y laicos

Y eso nos lleva a la complicada y fascinante cuestión de los sacerdotes y los laicos. Es sorprendente que el más sacerdotal de todos los sacerdotes, el papa Juan Pablo II, sea un hombre cuya primera experiencia del sacerdocio y posterior teología del sacerdocio recibieran la influencia decisiva de un grupo de amistades laicas, jóvenes estudiantes universitarios a los que sirvió como capellán y que han permanecido durante décadas en su círculo íntimo de amistades. Estas amistades encarnan el natural intercambio de dones entre los sacerdotes y los laicos que ya predijo el Concilio Vaticano II: apertura sin confusión de papeles ni identidades, que lleva al enriquecimiento espiritual de todos. Un sacerdote maduro, santo y efectivo no debe apartarse de la compañía y la amistad de los católicos laicos si desea crecer espiritualmente, profesionalmente y como ser humano. Los problemas comienzan cuando hay una confusión de papeles e identidades por una o por ambas partes.

Las relaciones entre los católicos de Estados Unidos y sus sacerdotes se han vuelto mucho más desenfadadas durante los últimos treinta y cinco años. Buena parte de ese cambio es bienvenido y saludable, pues ha abierto posibilidades para la dirección espiritual, la asesoría y para compartir responsabilidades en las parroquias que ni siquiera podían imaginarse cuarenta años atrás. Al mismo tiempo, una excesiva informalidad en las relaciones entre sacerdotes y laicos refuerza la fuerte tendencia cultural norteamericana a ver al sacerdote más como un funcionario que como un icono. Los católicos laicos comienzan entonces a preguntarse qué es el sacerdote, y también comienzan a preguntárselo algunos sacerdotes. La infortunada consecuencia es a veces un clero laicizado y unos laicos clericalizados. Eso debilita seriamente la comprensión por ambas partes de que el sacerdote tiene una autoridad pastoral sobre la parte del rebaño que se ha conferido a su gobierno.

Este problema se ha agravado como consecuencia de un nuevo grupo de prácticas que, aunque son buenas en sí mismas, cuando se llevan a los extremos deshacen la textura sacramental del sacerdocio y clericalizan a los laicos. Me refiero a los nuevos papeles que los laicos ocupan en la liturgia de la Iglesia, especialmente durante la misa. El problema más grave tiene que ver con la manera en que la sagrada comunión es distribuida en muchas, sino en casi todas, las parroquias católicas durante la misa del domingo. Durante más de veinticinco años, la Iglesia ha permitido a los laicos que ayuden en la distribución de la comunión como «ministros extraordinarios de la Eucaristía». «Extraordinarios» significa en este contexto que no son los que la administran de modo usual. Pero sucede que precisamente resulta que sí la administran de modo usual, así que es el sacerdote quien se ha convertido en el «ministro extraordinario» del sacramento. Lo que se pretendía que fuera una práctica que facilitara la distribución de la sagrada comunión en misas con grandes congregaciones y con sólo unos pocos sacerdotes o diáconos disponibles se ha convertido ahora en la norma general e, incluso, parroquias con varios sacerdotes y un diácono o dos disponen la liturgia de modo que el sacerdote que celebra misa sea el único sacerdote que está presente en la distribución de la comunión. Ahora los laicos son los que habitualmente retiran las ostias preconsagradas del sagrario y devuelven al sagrario las que han sobrado después de la comunión. Se supone que esta práctica debe acabarse en el futuro cercano, pero está tan extendida que para revocarla hará falta algo más que un nuevo reglamento proveniente de Roma.

Ese «algo más» es una comprensión renovada y profunda de la íntima relación del sacerdote con la Eucaristía. Es en el altar donde el sacerdote debe ser de forma más transparente un *alter-Christus*, «otro Cristo». Cuando dice las palabras de la consagración eucarística, dice las palabras de institución que dijo Cristo en la Última Cena. De igual manera, cuando ofrece el cuerpo y la sangre de Cristo a su gente, está actuando «en la persona de Cristo», alimentando al rebaño de Cristo. Es imprescindible que esta rica iconografía sacramental sea una parte visible de la liturgia de la Iglesia. Demasiado a menudo no lo es, y eso ha contribuido de forma sutil a la crisis de identidad de los sacerdotes en Estados Unidos.

Cuando domingo tras domingo, nueve de cada diez personas que distribuyen la comunión durante la misa son hombres o mujeres laicos, se está enviando la señal de que la comunidad católica se está alimentando a sí misma más que siendo alimentada por sus sacerdotes «en la persona de Cristo». No es irrazonable deducir que el culto es algo que hacemos por los demás y por nosotros mismos más que una obligación que le debemos a Dios y cuya plenitud se hace posible por la gracia del bautismo. Finalmente, sólo hay que dar un paso más para encontrarnos con la ruptura de la fe profunda en la realidad sacramental de la sangre y el cuerpo de Cristo en la Eucaristía, que, como demuestran recientes sondeos, es uno de los principales problemas de la Iglesia en Estados Unidos.

Nadie con sentido común propone que se prohíba a los hombres y mujeres laicos actuar como ministros extraordinarios de la Eucaristía. Dicha prohibición sería impracticable dada la gran afluencia de creyentes a las misas de las parroquias grandes, y sería un insulto para los muchos, muchísimos, laicos que llevan a cabo esta labor y la reverencian. Al mismo tiempo, la Iglesia y los sacerdotes deben aprender cómo dejar claro de nuevo que en la Eucaristía, que es el centro de la vida católica, la Iglesia está siendo alimentada por Cristo, en su palabra y en la persona de su sacerdote. La Iglesia no se está alimentando a sí misma en una especie de pícnic litúrgico. Una catequesis constante y efectiva desde el púlpito es una de las formas de comenzar a abordar esta pequeña pero importantísima faceta de la auténtica reforma católica. También lo es la decisión consciente, siempre que sea posible, de tener diversos sacerdotes y diáconos distribuyendo la comunión durante la misa del domingo.

Sacerdotes y vocaciones sacerdotales

¿Existe una escasez de sacerdotes en Estados Unidos? Sí. ¿Qué podemos hacer al respecto? Desde luego la solución no está en hacer el sacerdocio más sencillo ni en abandonar la disciplina del celibato, sino en que los obispos y los sacerdotes se tomen mucho más en serio el fomentar vocaciones.

Incluso en los años sesenta, cuando la cultura católica norteamericana aún estaba intacta y los seminarios estaban llenos, era literalmente imposible para un niño o un joven *no* pensar en la posibilidad de llegar a ser sacerdote. La oferta, por así decirlo, estaba en el aire. Se manifestaba a través de los ritmos diarios de la piedad y la vida católicas. Cuando esa intacta cultura católica se hizo pedazos en la segunda mitad de los sesenta, demasiados obispos y sacerdotes siguieron creyendo que esa oferta seguía en pie. Pero no era así. Otras ofertas, muy poderosas, la habían sustituido. A la Iglesia católica le llevó casi dos décadas decidir que si la oferta no iba a proceder de un ambiente cultural católico, habría que hacerlo de alguna otra manera. Es decir, a través de los sacerdotes y los obispos.

Las diócesis que han comprendido esto, aquellas en las que el obispo habla sobre vocaciones a sus sacerdotes en toda confirmación y graduación, insiste en que se rece por las vocaciones en cada misa, tiene una delegación de vocaciones despierta y agresiva llevada por un sacerdote capaz e invita a la gente joven a reunirse con él y explorar las posibilidades del sacerdocio, estas diócesis, decíamos, han descubierto que reciben una generosa respuesta de los católicos. Los jóvenes quieren que se los llame a una vida de heroísmo. Ésta es una verdad de la condición humana que es tan cierta ahora como en tiempos pasados. Pero como dijo un ex rector de seminario que ahora es obispo: «Un hombre dará su vida por un misterio, pero no por una incógnita.» Por eso las diócesis de Estados Unidos que tienen éxito en el reclutamiento de vocaciones en las últimas décadas son las diócesis donde el obispo y los sacerdotes transmiten sin ambigüedades el concepto de que el sacerdote católico es un icono del sacerdocio eterno de Cristo.

Los sacerdotes son imprescindibles para ese reclutamiento de vocaciones. El obispo local puede y debe liderar, pero ese liderazgo sólo será efectivo si consigue animar a un gran número de sus sacerdotes para que les hagan regularmente a los jóvenes la pregunta: «¿Has pensado alguna vez que quizás Dios te esté llamando al sacerdocio?» Los sacerdotes que lo preguntan regularmente han descubierto que eso enriquece su propio sacerdocio. Pedirle a un hombre joven que sacrifique su vida por Cristo requiere que el hombre que le hace esta petición reflexione sobre la radical condición de su propio seguimiento de Cristo. Hacerle preguntas difíciles a los demás requiere para el sacerdote hacérselas también a sí mismo. Proponerle a un hombre joven que siga una vocación tan contracultural requiere que el sacerdote reflexione sobre si su propia vida como sacerdote es suficientemente contracultural.

Así pues, una de las vías para la reforma del sacerdocio entre los que ya han sido ordenados es que ellos mismos se tomen su papel como buscadores de vocaciones mucho más en serio.

Cómo tratar las conductas deshonestas

La «respuesta» al escándalo de abusos sexuales es la fidelidad: una conversión más profunda de los sacerdotes norteamericanos a Cristo. Ningún nuevo reglamento o política de personal puede provocar una revolución de fidelidad y más profunda conversión en el clero. Pero esa política sí puede, no obstante, restaurar la confianza de los católicos en que sus líderes son capaces de enfrentarse a un crisis y transformarla en una oportunidad para una auténtica reforma católica.

¿Cómo sería esa nueva política?

Es de suma importancia que nos apartemos de esas categorías que los medios han creado. Me refiero a cosas como «tolerancia cero» o «un error y a la calle». La crisis es demasiado grave para que usemos esos clichés, que habitualmente confunden más de lo que aclaran. Dicho esto, debemos añadir lo que sigue.

Como subrayó el papa Juan Pablo II en su comunicado a los cardenales de Estados Unidos que estaban reunidos en el Vaticano el 22 de abril de 2002, todos en la Iglesia, y de hecho todos en la sociedad, deben saber que «no hay lugar en el sacerdocio ni en la vida religiosa para aquellos que hacen daño a los jóvenes». Debe insistirse en que, aunque el abuso sexual de menores es un delito grave que debe comunicarse a las autoridades, también es, de forma más fundamental, un grave pecado que ataca el mismo centro de la verdad sobre el sacerdocio en la Iglesia católica. Un sacerdote que abusa sexualmente de los jóvenes se ha desfigurado a sí mismo como icono del sacerdocio eterno de Cristo, y ya no puede actuar como sacerdote. Punto. En consecuencia, tanto los sacerdotes pedófilos, en el más estricto sentido (aquellos que abusan de niños prepúberes), como aquellos que habitualmente seducen y abusan de menores, sea de forma heterosexual o, como ha sido mucho más habitual, homosexual, deben ser apartados del clero y vetados para siempre de cualquier cargo eclesiástico. Estas sanciones deben aplicarse a sacerdotes en el pasado, presente o futuro.

Pero las obligaciones de la Iglesia van más allá de este drástico remedio. La Iglesia tiene una grave obligación pastoral para con las víctimas de abusos sexuales y con sus familias, y debe doblegarse a hacer cualquier esfuerzo para asegurar que sus almas no queden perpetuamente afectadas por la deshonestidad de los que han abusado de ellos. La Iglesia también está obligada a tomar medidas efectivas para hacer que los clérigos deshonestos logren una conversión más profunda que les permita reformar su vida. La obligación de la Iglesia para con los clérigos deshonestos no se acaba, en otras palabras, con remitir a un sacerdote culpable de abusos sexuales de menores a las autoridades. Los sacerdotes que pecan, incluso de forma tan atroz, siguen siendo hijos de la Iglesia, y la Iglesia debe encontrar la forma de hacer que vuelvan a llevar una vida cristiana honesta. Aunque la psicología puede ayudar, esto requerirá ante todo un remedio espiritual. Un catastrófico fracaso al no vivir la castidad célibe es producto de un fracaso al no vivir la santidad. Si un sacerdote que es apartado del clero por causas de sus abusos sexuales puede salvarse como cristiano, la Iglesia debe asumir su reponsabilidad tanto en la ayuda psicológica como en lograr una conversión más profunda.

Luego está el tema de la conducta sexual deshonesta de los sacerdotes que han mantenido relaciones heterosexuales u homosexuales con adultos que han accedido por voluntad propia.

La repetición de esta conducta debe ser considerada motivo suficiente (y de hecho así lo considera la ley canónica) para apartar a un sacerdote del clero. Esta medida se hace aún más urgente en el caso de la conducta homosexual de sacerdotes con otros sacerdotes, que debe cesar entre sacerdotes diocesanos y entre las órdenes religiosas, si es que realmente va a haber una reforma integral del sacerdocio en Estados Unidos. Los propios sacerdotes tienen la responsabilidad de corregir y ayudar fraternalmente cuando saben que un colega sacerdote está pecando, ya sea heterosexual u homosexualmente. La fraternidad de los clérigos no puede corromperse hasta el punto de pensar que comporte hacer la vista gorda a la deshonestidad de otros sacerdotes, incluso si esa deshonestidad se refiere al sexo consentido con adultos. Un sacerdote es el guardián de su hermano sacerdote, y el que no actúa como tal incumple su propia responsabilidad como sacerdote.

Dicho esto, debe notarse que la principal responsabilidad sobre la disciplina de los sacerdotes diocesanos recae sobre el obispo local, así como la principal responsabilidad sobre la disciplina de los sacerdotes de las órdenes religiosas recae sobre el superior local y sobre el provincial. Estas responsabilidades se incumplen radicalmente si se confía en que las políticas estrictas de personal van a encargarse de los casos de auténtica pedofilia y de abusos sexuales a menores. Dado lo que prudentemente podemos calificar como importante incidencia de la corrupción sexual entre los sacerdotes, y dado que es imperativo reformar el sacerdocio para poder reformar luego la Iglesia entera, los obispos y los superiores religiosos tienen que adoptar medidas activas para, a la luz de lo que ha emergido en la crisis de 2002, determinar si algún sacerdote bajo su jurisdicción no está llevando una vida de castidad, no importa si heterosexual u homosexualmente. Es muy probable que esto conlleve que se realicen entrevistas personales a todos y cada uno de los sacerdotes bajo la supervisión de su obispo o superior, durante las que se les recuerden los compromisos que han adquirido y después se les pregunte directamente: «¿Está teniendo actividad sexual del tipo que sea?» Si la respuesta es sí e implica pedofilia o abuso habitual de menores, las medidas que hemos delineado anteriormente se aplicarían de inmediato. Si la respuesta es sí e implica actividad sexual consensuada de cualquier tipo con adultos, al sacerdote debería decírsele que tiene una semana para tomar la decisión de cambiar su vida, no gradualmente, sino cesando de inmediato cualquier tipo de actividad sexual. Si está dispuesto a ello, se le tendrá que ofrecer toda la ayuda posible tanto a nivel terapéutico como espiritual para que cumpla ese compromiso. Si no está dispuesto, el obispo o el superior deberían informarle de que se tomarán medidas para apartarlo de inmediato del clero.

¿Qué sucede con el sacerdote que se aparta de la gracia una vez, se arrepiente, realmente cambia de vida y vive íntegramente en castidad célibe durante años o décadas? Si ese pecado ha implicado pedofilia, debe apartársele del clero debido a la gravedad de ese pecado, pues algunos pecados simplemente inhabilitan a un hombre para el ejercicio del ministerio. Desde luego, si es que va a haber una verdadera reforma del sacerdocio en la Iglesia de Norteamérica, un hombre consciente de haber cometido un agravio como ése, incluso si sólo lo ha hecho una vez, se sentirá obligado a pedir él mismo que lo aparten del clero. Si, en cambio, el pecado del sacerdote implica una relación sexual consensuada con un adulto (quizá bajo la influencia del alcohol), si ese pecado no fue el punto de partida de una conducta sexual impropia habitual, y si el sacerdote ha llevado una vida ejemplar desde entonces, la mayoría de los católicos probablemente estarían de acuerdo en que un hombre como ése no debe ser apartado del ministerio. Y tendrían razón.

Los comités de revisión compuestos principalmente por laicos, pero también por sacerdotes valientes y maduros, se han demostrado efectivos en muchas diócesis y han ayudado al obispo local a enfrentarse a las acusaciones de abusos sexuales del clero. Es probable que tales comités se conviertan en algo habitual en la vida católica de Estados Unidos. Si se diseñan adecuadamente y se dirigen bien, pueden reportar un enorme beneficio a la Iglesia. Pero no se puede permitir que el obispo se escude en ellos para declinar toda responsabilidad en los casos de abusos sexuales de sus sacerdotes. La responsabilidad del obispo sigue existiendo, y debe aceptarla.

Más de un obispo norteamericano ha declarado, poco antes de la reunión semestral de los obispos que tuvo lugar en junio de 2002 en Dallas, que una vez que las normas de personal para el clero fueran aprobadas y estuvieran en vigor, el problema de los abusos sexuales del clero se habría «acabado» y la Iglesia podría «dejarlo atrás». Conseguir que se aprueben y se apliquen esas normas es urgente. Pero no hay un error más terrible que imaginar que el simple hecho de tener unas nuevas normas de personal más estrictas hará que la cuestión de la reforma del sacerdocio de Estados Unidos se pueda dejar atrás.

Una reforma más profunda y completa, que tenga como objetivo la reconstrucción de la identidad de los sacerdotes, es absolutamente necesaria y debe comenzar sin dilación. Los obispos que creen que la Iglesia puede volver a sus asuntos como si nada una vez que las nuevas normas de personal estén en vigor cometen un grave y triste error. Se necesita mucho, muchísimo más para extirpar la corrupción, para permitir que los buenos sacerdotes que tenemos se conviertan en sacerdotes aún mejores y para formar una nueva generación de sacerdotes que, junto con sus hermanos mayores en el ministerio, restauren la dignidad del clero católico en Norteamérica. Las normas de personal a escala nacional para enfrentarse al problema de los abusos sexuales son el principio de la reforma que necesitamos, no el final. Aquellos que creen que lo son se están engañando a sí mismos.

CAPÍTULO OCHO
Programa para la reforma: los obispos y el Vaticano

El liderazgo es la clave para transformar la actual crisis de la Iglesia católica en Estados Unidos en una oportunidad para llevar a cabo la auténtica reforma católica. Si la reforma va a ser auténticamente católica y debe conducir a una vida más profundamente católica en toda la Iglesia, son los obispos los que deben liderarla. Se necesita un liderazgo episcopal más inteligente, evangélicamente seguro y valiente.

Los obispos no deben creer que la crisis de 2002 va a solucionarse sólo con unas nuevas normas de personal y con asegurarse de que sean aplicadas en todas las diócesis. La crisis es mucho más que una crisis de abusos sexuales del clero y los recientes casos de abusos demuestran que si vamos a las raíces, ésta es una crisis de fidelidad. A menos que esta crisis de fidelidad sea reconocida y remediada enérgicamente, no importa que se halle un paliativo para sus síntomas superficiales (y que los fiscales y abogados civiles se mantengan a una distancia prudente de las cancillerías), pues la enfermedad que causó esos síntomas permanecerá. La reforma habrá quedado incompleta y será inevitable que en el futuro se produzcan nuevos escándalos. La Iglesia de Norteamérica no será el testigo vital y activo de la verdad cristiana que puede y debe ser.

Uno de los aspectos más desagradables de la crisis de 2002 fueron las quejas de algunos obispos que sugirieron, algunas veces con sutileza, otras abiertamente, que se les estaba adjudicando más responsabilidad de la que realmente tenían en el escándalo de abusos sexuales del clero. Esto es inaceptable. No cabe duda de que críticos internos de la Iglesia y acérrimos enemigos externos han aprovechado estos escándalos para tratar de destruir el prestigio de algunos obispos y de la jerarquía estadounidense. Pero nada de eso permite ignorar el hecho de que, según la consolidada doctrina católica, los obispos son los responsables de las iglesias locales. Si un obispo no entiende que suya es la responsabilidad de mantener la integridad de la fe católica en su diócesis (lo que incluye la responsabilidad de mantener la disciplina en el clero), debe dimitir y dejar paso a un hombre que tenga unas convicciones más firmes sobre qué son los obispos y qué deben hacer.

La reforma del sacerdocio, y de hecho la reforma de toda la Iglesia católica de Estados Unidos, requerirá una transformación a fondo del episcopado norteamericano. El Concilio Vaticano II se esforzó en instigar la vocación sobrenatural y reforzar la autoridad pastoral real de los obispos locales. Aun así, debido a una gran paradoja (y a una aún mayor decepción), los años que siguieron al concilio han visto demasiados casos de obispos norteamericanos incapaces de, o reticentes a, vivir la vocación única que les corresponde según la doctrina del concilio. El motivo de esta conducta será debatido durante mucho tiempo, pero su realidad es incontestable, puesto que fue precisamente el mal gobierno de los obispos lo que convirtió el escándalo de abusos sexuales del clero en una gravísima crisis para toda la Iglesia católica estadounidense.

No podemos ignorar este problema. Debemos enfrentarnos a él de una forma completamente católica. La reforma del episcopado, como la reforma del sacerdocio, no se puede hacer siguiendo otras pautas que no sean las del catolicismo tradicional: las pautas que establecieron grandes obispos como Ambrosio y Agustín, Atanasio y Juan Crisóstomo, Carlos Borromeo y Francisco de Sales, Stefan Wyszynski y Karol Wojtyla. Esas pautas están conformadas por la fidelidad unida al coraje y vivida en santidad.

Los obispos deben comprender, de nuevo, que son los auténticos vicarios de Cristo en sus respectivas diócesis, no los vicarios del papa ni los vicarios de su Conferencia Episcopal. Los obispos deben volver a pensar en sí mismos, de nuevo, como hombres a los que el Espíritu Santo ha dado la plenitud del sacramento de la ordenación, no un ascenso en la jerarquía de una empresa. Los obispos no deben dejarse engañar porque la palabra «obispo» provenga del término griego que significa «supervisor» y hacer dejación por ello de sus responsabilidades apostólicas básicas, que consisten en ser maestros y pastores. Un obispo, tal y como lo entiende la Iglesia católica, es un sucesor de los apóstoles. Una breve lectura de los Hechos debería bastar para demostrar que los apóstoles no eran los directivos de las oficinas locales de una nueva y prometedora organización religiosa que trataba de encontrar su nicho en el mercado. Eran testigos de la verdad de Dios revelada en Jesucristo, con la que fueron hasta los «confines de la Tierra» y hasta la muerte.

Como sucede con la reforma del sacerdocio, el tema clave es la identidad sacramental de los obispos, y el grado en que los obispos de Estados Unidos han hecho suya esa identidad en su forma de enseñar, santificar y gobernar.

Sugerir que la auténtica reforma católica depende de la calidad de los obispos de la Iglesia no es reducir la Iglesia católica a su episcopado. Es responsabilidad de todo católico ayudar a la completa reforma de la Iglesia según la doctrina del Vaticano II y la interpretación autorizada de Juan Pablo II. Esa reforma será llevada a cabo principalmente por santos, que emergen de cada rincón vocacional del mundo católico. Pero los obispos son un factor crucial en el proceso de reforma. Pueden comenzar la reforma en sus iglesias locales de manera muy efectiva, o pueden impedirla debido a su incompetencia, falta de comprensión o cobardía. Con su autoridad única y desde sus particulares púlpitos, pueden explicar a sus iglesias locales los orígenes de la crisis y lo que debe hacerse para convertir esta crisis en una oportunidad, o pueden retirarse a sus cancillerías, convencidos de que las normas de personal más severas para enfrentarse a los abusos sexuales bastarán para satisfacer a la justicia penal y para mantener a raya a la prensa. Los obispos pueden ser iconos vivientes de Cristo el Buen Pastor, devolviéndole al rebaño la confianza en su liderazgo, o pueden actuar como directivos en lugar de como pastores, en cuyo caso no recuperarán la confianza de los laicos y, además, acentuarán la tendencia de muchos católicos de identificar «la Iglesia» exclusivamente con su parroquia local, y con ello acelerarán la transformación del catolicismo en otra mera confesión de Estados Unidos.

Nos jugamos mucho en que los obispos norteamericanos aprovechen la oportunidad que les ha dado la actual crisis.

Es una bendición en unos tiempos muy difíciles que el papa, que exigió a los obispos de Estados Unidos en abril de 2002 que cumplieran sus obligaciones, fuera él mismo uno de los obispos diocesanos más dinámicos y efectivos de su tiempo. Al enfrentarse a las provocaciones y a las restricciones del gobierno comunista de Polonia, que están más allá de lo que la mayoría de los burócratas estadounidenses pueden siquiera imaginar, Karol Wojtyla, arzobispo de Cracovia, creó y dirigió una de las más inteligentes y efectivas aplicaciones del Vaticano II en todo el mundo. Estuvo en todo momento y en todo lugar presente para sus sacerdotes y para su gente como un padre y como un pastor, y jugó un papel muy importante en el mundo intelectual y político polaco. Si pudo lograr todas estas cosas mientras un Estado agresivamente ateo no hacía más que ponerle piedras en el camino y esforzarse para pervertir, seducir o chantajear a su gente para inducirla a la apostasía, es obvio que obispos que trabajan en condiciones materiales y políticas mucho más favorables pueden llevar a cabo las reformas que son necesarias en la Iglesia de Estados Unidos.

El liderazgo no es algo imposible en la Iglesia de hoy; el liderazgo es básicamente posible si está fundamentado en la convicción y en el coraje de ser católico.

La selección de los obispos

La clave para una reforma sostenible del episcopado norteamericano que sea adecuada a las enormes posibilidades de la Iglesia católica en Estados Unidos es una reforma en el procedimiento y los criterios con los que los obispos son seleccionados. El procedimiento actual es demasiado cerrado, con una jerarquía llena de problemas que parece tener una influencia desorbitada en la decisión de a quién se le permitirá unirse al colegio episcopal. No menos importante es que los criterios por los que se juzga a los candidatos al episcopado están demasiado centrados en cuestiones de gestión de instituciones y afabilidad personal, y hacen demasiado poco hincapié en el celo y en la demostrada capacidad para el liderazgo contracultural.

En la Iglesia de rito latino de Estados Unidos, el papa nombra a los obispos diocesanos tras un proceso de investigación y nominación que implica a la nunciatura de Washington, a la Congregación para los Obispos de Roma y un gran número de informaciones informales. Tras amplias consultas (al menos en teoría) a obispos, sacerdotes y laicos, el nuncio prepara una lista de tres candidatos, una *terna*, para que sean considerados por la Congregación para los Obispos, una de las congregaciones más influyentes del Vaticano. La *terna* del nuncio es evaluada por el personal de la congregación y luego por los miembros de la congregación (todos los cuales son cardenales u obispos) en su reunión bisemanal. La congregación, a través de su prefecto, ofrece entonces una *terna* al papa para que tome la decisión. En algunos casos la congregación no está satisfecha con la *terna* propuesta por el nuncio y le pide que investigue nuevamente y presente una *terna* revisada. En otros casos, el papa no está satisfecho con la *terna* que le llega de la congregación y o bien pide que el proceso se repita desde el principio o bien aporta sus propias sugerencias. (Juan Pablo II, por ejemplo, rechazó la *terna* que la congregación le presentó para Nueva York en 1984, con el resultado del sorprendente nombramiento de John J. O'Connor como, según palabras del propio papa, «arzobispo de la capital del mundo».)

En la práctica, las consultas para la *terna* de la nunciatura son dominadas por los obispos y por aquellos sacerdotes en que los obispos, o el nuncio, confían. En consecuencia, el proceso de consultas tiende a favorecer a aquellas partes de la burocracia clerical que ya dominan el presente statu quo. No se consulta a los laicos en nada importante durante este proceso de información. Y es un grave error. En lo que respecta a evaluar las aptitudes de un sacerdote para el cargo de obispo, los laicos pueden ver cosas que a muchos clérigos les pasarán por alto. En cualquier caso, además, el sentido común aconseja que un proceso de consultas más amplio daría como resultado una evaluación más equitativa de las necesidades de una diócesis y de las calificaciones de los respectivos candidatos. Por lo que respecta a la discreción, que es esencial para que se mantenga la integridad del proceso, si la Iglesia ha sobrevivido a las indiscreciones de «radio macuto» de los clérigos, no tiene por qué preocuparse, pues es seguro que encontrará católicos laicos expertos y dignos de confianza que sepan cómo guardar un secreto.

No obstante, el procedimiento en sí es menos importante para la reforma que los criterios que guían la nominación de los obispos. Los criterios actuales se hacen obvios en el formulario que el nuncio les envía a aquellos a los que se pide que hablen sobre un posible candidato, en el que se pregunta sobre el carácter de un sacerdote, su fidelidad a la doctrina de la Iglesia, su vida espiritual, sus hábitos, etc. Todo eso es imprescindible, pero también insuficiente.

Los criterios deben ampliarse y afinarse para que el proceso de selección tenga más en cuenta el clima cultural al que deberá enfrentarse un hombre que deberá enseñar, gobernar y santificar como obispo católico en Estados Unidos en el siglo XXI. Ese clima está preñado de miedos a ser considerado «intolerante» o «insensible», etiquetas que se aplican inmediatamente a cualquiera que afirme verdades morales que vayan contra la libertad entendida como todo vale. Más aún, es un clima cultural muy influenciado por las formas burocráticas de gobierno, que lo invaden todo, desde la agrupación local de excursionistas y la parroquia hasta el consejo de la General Motors, los sindicatos y el Pentágono. Es, en suma, una atmósfera en la que es muy fácil para un obispo pensar en sí mismo como en un árbitro con mitra, un moderador de un grupo de discusión cuya principal responsabilidad (además de recaudar fondos) es mantener «el debate» en marcha y a todos los implicados razonablemente contentos.

Este modelo de episcopado no habría tenido sentido para Ambrosio o Agustín, Atanasio o Juan Crisóstomo, Francisco de Sales o Carlos Borromeo. Es un modelo de episcopado que es totalmente inadecuado para la reforma en profundidad de la Iglesia católica en Estados Unidos según los dictados del Concilio Vaticano II. Esa reforma necesita obispos con visión de futuro, decididos, tenaces y dispuestos a desafiar la vacuidad de la cultura de la disidencia y los efectos de ese vacío en la vida de la Iglesia, que se han hecho dolorosamente patentes en la crisis de 2002.

El objetivo del proceso de selección es encontrar apóstoles, hombres con las convicciones necesarias para armarse de coraje para ser católicos y de la pasión evangélica de inspirar ese coraje en otros. Sin perder de vista ese objetivo, a la lista de preguntas que se le hacen a la gente apropiada sobre un posible candidato al cargo de obispo se deberían añadir las siguientes:

1. En su vida y en su ministerio, ¿manifiesta este sacerdote una conversión personal a Jesucristo y una decisión deliberada de abandonarlo todo para seguir a Cristo?

2. ¿Predica este sacerdote con convicción y claridad? ¿Puede convencer a aquellos que no creen? Siempre con caridad, ¿puede instruir y, si es necesario, reprender a aquellos católicos que han abrazado enseñanzas contrarias al evangelio y a la doctrina autorizada de la Iglesia?

3. ¿Ha tenido algún cargo pastoral? ¿Creció su parroquia bajo su dirección? Si su trabajo principal ha sido de profesor en un seminario, ¿florecieron sus estudiantes bajo su tutela?

4. En términos concretos y específicos, ¿cómo celebra este sacerdote la misa? ¿Su ministerio litúrgico conduce a su gente a una experiencia más profunda del misterio pascual de Jesucristo, crucificado y resucitado?

5. ¿Cuántos hombres han entrado en el seminario por la influencia de este sacerdote? ¿Cuántas mujeres han consagrado su vida a la religión por su influencia? ¿Fomenta el surgimiento de movimientos de renovación católica y el desarrollo de la piedad popular? En suma, ¿es un hombre que puede llamar a otros a una vida de santidad porque la manifiesta en su propia vida?

6. ¿Tiene este sacerdote la fuerza de carácter y la personalidad necesarias para tomar decisiones que lo harán impopular entre sacerdotes y religiosos, porque son fieles a la doctrina de la Iglesia y a la práctica litúrgica?

7. ¿Ha leído extensamente este sacerdote sobre teología? ¿Cree que la teología es una parte importante de su vocación? ¿Puede «traducir» lo mejor de la teología de la Iglesia, antigua y contemporánea, a un lenguaje accesible para su gente?

Las respuestas a estas preguntas ayudarán a las autoridades de la Iglesia a determinar si un candidato es un hombre de fuertes convicciones y con coraje. Reconociendo que las enumeradas anteriormente están entre las preguntas que es importante hacer, demostrará que las autoridades de la Iglesia reconocen el tipo de exigencias que se le plantearán a un hombre que ejercerá como obispo en Estados Unidos en el siglo XXI.

A la luz de la crisis actual, se tienen que hacer, además, otras preguntas a un candidato al obispado y se tiene que consultar regularmente a un cierto tipo de gente. Aquellos a los que se pide su comentario sobre un potencial nominado deben ser explícitamente preguntados sobre si conocen algún incidente en la vida del candidato que implique una conducta sexual deshonesta o cualquier otra cosa impropia que lo descalificaría para el cargo de obispo o podría causar un escándalo contra la Iglesia. Entre los consultados se debería incluir a sacerdotes que hayan vivido con el potencial candidato en una parroquia o que hayan trabajado con él en un seminario, y al menos a un sacerdote en activo de irreprochable integridad que hubiera sido compañero de clase suyo en el seminario. Cuando el nuncio informa a un sacerdote de que el Santo Padre quiere nombrarlo obispo, debe preguntarle explícitamente al sacerdote si hay alguna cuestión sexual o de cualquier otro tipo en su pasado que le hace inadecuado para el cargo. La misma pregunta debe planteársele a un obispo al que se esté considerando transferir a otra diócesis, así como a otros obispos y sacerdotes que conozcan bien al candidato en cuestión.

La reforma del proceso de selección también hará imprescindible reconsiderar la edad mínima necesaria que se considera apropiada para ser elegido obispo, así como las asunciones sobre qué tipo de sacerdotes están más capacitados para el episcopado.

Actualmente, por algún motivo, parece que se ha impuesto un mínimo artificial de cincuenta años para ser nominado al episcopado en Estados Unidos; es decir, el nombre de un hombre no aparecerá en la *terna* a no ser que haya sobrepasado los cincuenta.[1] Esta preferencia por los obispos mayores, que es comprensible a la luz de algunos desafortunados nombramientos de hombres mucho más jóvenes en los años que siguieron al concilio, debe cambiar a la luz de las urgentes necesidades del presente y de la demografía del sacerdocio norteamericano actual. Aquellos más capaces de liderar la reforma de la Iglesia en las décadas venideras serán a menudo hombres en la cuarentena o incluso en la segunda mitad de la treintena, hombres cuyo sacerdocio ha sido formado a imagen del de Juan Pablo II y cuyo episcopado seguirá un modelo similar. Su edad no debe jugar en su contra al ser considerados como potenciales obispos si han demostrado ser pastores o educadores de seminario efectivos según los criterios que hemos explicado anteriormente.

Hay también indiscutibles precedentes históricos que avalan la elección de hombres más jóvenes como obispos en tiempos de crisis y de reforma. San Cirilo de Alejandría fue obispo a los treinta y seis años. San Ambrosio tenía treinta y cuatro cuando fue ordenado obispo de Milán y su protegido, el gran Agustín, apenas cuarenta y uno cuando se convirtió en obispo de Hipona. Dos de los más grandes obispos del período de la Contrarreforma, san Francisco de Sales y san Carlos Borromeo, fueron obispos cuando mediaban la treintena. Stefan Wyszynski fue nombrado primado de Polonia a los cuarenta y siete. En la

---

1. El derecho canónico establece la edad en treinta y cinco años. El autor se refiere a la práctica habitual en Estados Unidos. *(N. del e.)*

Iglesia de Estados Unidos están disponibles hoy en día hombres de ese mismo calibre.

Entonces se plantea la cuestión de los intelectuales como obispos. La Iglesia de Estados Unidos ha sido habitualmente alérgica a los obispos-académicos. Y aunque el registro de académicos que han llegado a obispos en Europa durante los últimos cuarenta años ha sido descorazonador, no podemos ignorar el poderoso motivo a favor que es el propio Juan Pablo II, un auténtico obispo-académico. En Norteamérica hay actualmente teólogos, filósofos e historiadores que han demostrado ser efectivos como maestros y como directores espirituales y que serían unos obispos ideales. Sus doctorados y licenciaturas no deben ser obstáculo para que sean ordenados obispos.

Hace tiempo que es necesario reevaluar la capacidad de los burócratas eclesiásticos de carrera para acceder al episcopado. Probablemente hoy en día hay demasiada acritud hacia la burocracia de la Iglesia. Los sacerdotes que trabajan en las oficinas de la cancillería o en la Conferencia Episcopal pueden ser personas totalmente admirables. No obstante, ochenta años después de que el sociólogo Max Weber hubo diseccionado el carácter de las burocracias, también debería haber quedado claro que el típico modo de pensar de la burocracia, que enfatiza la gestión eficiente y el control de daños, y que casi siempre prefiere el compromiso a una necesaria confrontación, puede estar en oposición a los deberes de un obispo de enseñar, gobernar y santificar. Eso es lo mínimo que se debería haber aprendido de los fiascos de mal gobierno episcopal que han contribuido a convertir un escándalo clerical en una crisis que afecta a toda la Iglesia.

El hecho de que Anthony O'Connell fuera nombrado obispo después de que sus superiores tuvieron conocimiento de que había sido acusado de abusos deshonestos en los tribunales, y que fuera entonces reasignado, años después, como obispo de una diócesis que acababa de ser sacudida por la conducta sexual impropia de su respectivo obispo demuestra más allá de toda duda que algo está funcionando fatal en el proceso de selección de los obispos. Este proceso debe arreglarse, y debe arreglarse rápidamente. Es decir, afortunadamente, algo que la Santa Sede puede hacer, tras las consultas necesarias con la Congregación para los Obispos, dando instrucciones a su nuncio. Estas consultas y las instrucciones apropiadas sobre los nuevos criterios que hay que aplicar son de la mayor urgencia.

La Conferencia Episcopal

Aunque la estructura de la Conferencia Episcopal de Estados Unidos ha sido reducida y racionalizada recientemente de modo que lo que antes era una burocracia bicéfala (la Conferencia Episcopal de obispos Católicos y su departamento de políticas públicas, la Conferencia Católica de Estados Unidos), se ha fusionado en una sola entidad, la Conferencia Episcopal Católica de Estados Unidos, la mentalidad de la conferencia y sus procesos siguen sin haber cambiado. Tras el Vaticano II, el diseño original de la institución fue trazado por el cardenal John Dearden, de Detroit, entonces presidente de la conferencia, quien escogió la firma de asesoría de Booz-Allen Hamilton para aconsejar a los obispos cómo debían conducir sus negocios corporativos. (El cardenal Dearden quedó muy impresionado con el trabajo que esa asesoría había hecho en la reestructuración de la gestión de la industria del automóvil, pero eso es otra historia.) Dearden y el hombre que escogió como primer secretario general de la conferencia tras el Vaticano II, Joseph Bernardin (después arzobispo de Cincinnati y más tarde cardenal arzobispo de Chicago), siguió el plan de la asesoría e impregnó todos los procedimientos de la conferencia del modelo de toma de decisiones consensuadas. Esa atmósfera aún se percibe en las oficinas de la Conferencia Episcopal, un complejo que costó veintinueve millones de dólares, que incorpora los últimos adelantos arquitectónicos y que sólo tiene diez años de edad, situado en Washington, D. C., cerca del campus de la Universidad Católica de América. La misma atmósfera se percibe en las reuniones semestrales de los obispos, que habitualmente tienen lugar en grandes hoteles. No hay motivo para creer que esa atmósfera haya cambiado un ápice durante la fusión a una sola entidad, la CECEU.

No obstante, hay muchos motivos para creer que la crisis de 2002 ha puesto de manifiesto las graves carencias tanto de los procedimientos como de la atmósfera de la conferencia episcopal.

El liderazgo de la CECEU y su influyente plantilla se vanaglorian de trabajar con el modelo de lograr decisiones por «consenso» y de los procesos que dan forma a ese «consenso». Tanto el modelo como los procesos son, por decirlo caritativamente, deficientes. La incapacidad de la Conferencia Episcopal durante los noventa para convencer a todas y cada una de las diócesis de Estados Unidos para que adoptaran normas de personal muy estrictas para enfrentarse a los casos de abusos sexuales es un ejemplo apropiado. Pero ese fracaso sólo es uno entre muchos otros: los enormes retrasos en conseguir normas de nivel nacional y aplicación real para implementar *Ex Corde Ecclesiae*, la constitución apostólica de 1990 sobre la identidad católica de las universidades católicas; los errores constantes de los obispos en las traducciones litúrgicas; la endeblez de las visitas a los seminarios en los ochenta; el fiasco de la finalmente abandonada misiva pastoral sobre las preocupaciones de las mujeres; una enormemente controvertida carta de 1997 dirigida a los padres católicos con hijos homosexuales, de la que se parecía deducir que los padres eran unos hipócritas que necesitaban aprender los puntos principales de la teoría psicológica contemporánea.

Desde un punto de vista práctico, un problema es que las reuniones semestrales de los obispos se celebran siguiendo las *Robert's Rules of Order* (completas con la parte parlamentaria); *Robert's* es una herramienta admirable en muchos aspectos, pero su utilización en las deliberaciones de los obispos puede haber conducido a confundir un debate dirigido según sus métodos con una auténtica deliberación y discernimiento episcopal. La forma en que están estructuradas las discusiones de los obispos también mitiga el intercambio real. Los obispos están obligados a realizar intervenciones escuetas (un semáforo en la tarima controla el tiempo) y sus declaraciones habitualmente no tienen nada que ver con las del obispo que les ha precedido. Desde luego, éstas no son las circunstancias más propias para que tenga lugar una conversación de verdad, mucho menos, si fuera necesario, una confrontación de verdad. Estos problemas se ven agravados por la decisión de los obispos de conducir la mayoría de los asuntos en presencia de las cámaras de televisión, reservando sólo los temas más sensibles para la sesión ejecutiva. Esta voluntad de apertura es quizá admirable, pero también crea un entorno que va en contra del intercambio real de opiniones y pareceres. (Las sesiones de trabajo del Concilio Vaticano II, por ejemplo, no estuvieron abiertas a la prensa, y aunque a nadie se le ocurriría citar al Vaticano II como un ejemplo de debate parlamentario, su procedimiento y la restricción de acceso a la prensa a sus discusiones fundamentales, al menos crearon el entorno en el que se podían expresar las verdades por duras que fueran, pues los obispos de todo el mundo estaban hablando los unos con los otros, y no a la NBC o a la BBC.)

Es cierto que la Conferencia Episcopal ha fomentado una sensación de fraternidad entre los obispos y que ha coordinado con éxito algunos proyectos de provecho, pero, en general, su funcionamiento durante los últimos treinta y cinco años ha contribuido a reforzar la tendencia a convertir a la Iglesia católica simplemente en una confesión norteamericana más. Un aspecto crucial de ese proceso de transformación (una dinámica que se hace evidente en prácticamente todas las denominaciones liberales protestantes de Estados Unidos desde la segunda guerra mundial) es el cambio del carisma religioso por el «conjunto de habilidades» para la gestión y la burocracia. Lo peor es que a menudo lo mismo ha sucedido en la manera en que los obispos norteamericanos se entienden a sí mismos, un proceso que la Conferencia Episcopal ha reforzado por su *modus operandi*. La conferencia ha recompensado a aquellos obispos que «se llevan bien» con todos en las posiciones de liderazgo. Ha reforzado la tentación de los obispos de pensar en sí mismos primordialmente como moderadores de debate, creadores de consenso y directivos, en lugar de apóstoles. La conferencia no ha demostrado tener la capacidad de enfrentarse a la cultura de la disidencia en los campus católicos ni en los seminarios o las oficinas diocesanas. Al contrario, ha ayudado a reforzar el instinto episcopal de pensar en la «disidencia fiel» como en algo que se puede «manejar». Que todo esto haya sucedido en nombre de un concilio que hizo de nuevo énfasis en la naturaleza evangélica de la Iglesia y en la singularidad sacramental del obispo local va más allá de la ironía: es una tragedia.

    Explicar cómo tendría que emprenderse la reforma de la CECEU queda fuera del ámbito de este pequeño libro. Que es imperativo repensar y reestructurar la conferencia es evidente ya desde el título de un estudio de 1993, realizado por el padre Thomas Reese, S. I., y que alababa la conferencia. El título era: *Un rebaño de pastores*. Cuando los pastores se convierten en rebaños, los pastores se convierten en ovejas, y algo en su naturaleza de pastores resulta gravemente dañado.

Cambios en Roma

La crisis de 2002 también ha puesto de manifiesto que se necesita cambiar el proceso por el que el Vaticano recibe información, comunica sus decisiones y sus preocupaciones, y, por último, interacciona con los obispos norteamericanos.

El flujo de información entre la nunciatura de Washington y la Santa Sede se demostró manifiestamente inadecuado y debe ser mejorado. Será necesario que el nuncio y su plantilla realicen consultas mucho más amplias dentro de la Iglesia de Estados Unidos para poder transmitir a Roma una imagen detallada de lo que pasa en el país, y para asegurarse de que la Santa Sede y el papa están completamente al corriente de las crisis potenciales antes de que éstas estallen.

Los mecanismos mediante los que el Vaticano comparte su información también necesitan mejoras. La letárgica reacción a los acontecimientos de la crisis católica en Estados Unidos durante los primeros meses de 2002 fue debida en parte a la falta de un flujo coordinado de información entre los principales dicasterios de la curia romana. La información que llegaba de Estados Unidos no circulaba de modo adecuado, con la consecuencia que las necesarias medidas interdepartamentales para enfrentarse a la creciente crisis llegaron tarde.

El fiasco de la conferencia de prensa que concluyó la reunión de los cardenales norteamericanos en Roma el 23 de abril de 2002 es otra demostración de una estrategia de comunicación inadecuada del Vaticano. Otra demostración fue la falta de coordinación entre los jefes de los departamentos del Vaticano que se enfrentaron a la crisis tras esa reunión. Durante las dos semanas siguientes a que el papa hablara de la crisis de abusos sexuales del clero en términos inequívocos y muy directos, identificando sus raíces en la cultura de la disidencia y desafiando a todos los miembros de la Iglesia de Estados Unidos a vivir una mayor fidelidad, el presidente del Pontificio Consejo para los Textos Legislativos opinó, durante una conferencia en Milán, que una «aproximación legal correcta» a la situación sería lo adecuado para «reestablecer la serenidad a tantos espíritus perturbados». Por muchas razones, entre las que se encuentra una coordinación inadecuada entre los departamentos de la curia, el arzobispo Julián Herranz pareció no darse cuenta de que esos «espíritus perturbados» eran, en realidad, católicos enfadados y fieles que estaban escandalizados por los abusos sexuales del clero y aún más escandalizados por la evidente incapacidad de algunos obispos para enfrentarse con el problema. El arzobispo Herranz usó frases como «ola emocional de clamor popular» y «emociones fáciles e impresiones superficiales», a las que unió críticas sobre hombres de iglesia que estaban «dejándose influenciar por el impacto mediático de estos dolorosos casos». Todo eso sugiere que este hombre, a pesar de sus buenas intenciones, estaba increíblemente mal informado sobre la realidad de la situación. El arzobispo Herranz afirmó en su conferencia que estaba hablando como persona privada y no en uso de su cargo oficial. Eso sirvió para confirmar que la forma en que el Santo Padre veía el problema simplemente no había sido comunicada a alguno de sus colaboradores más cercanos, de los que se debería esperar que reforzaran la posición del papa, no que la criticaran.

Desde luego, es obvio que la Santa Sede debe ser capaz de adoptar medidas para hacer que todos sus altos cargos hablen siguiendo las directivas que marca el papa. Esto ya no es simplemente cuestión de buena estrategia de comunicación, sino que es crucial para preservar la integridad del mensaje de la Iglesia.

No obstante, más allá de estos importantes asuntos de flujo de información, coordinación de la curia y estrategia de comunicación, se esconde un importante conjunto de preguntas que las autoridades de la Iglesia en Roma deben contestar: ¿Cuándo un obispo, por mala conducta personal, mala voluntad al dirigir a su clero, doctrina no ortodoxa o incompetencia manifiesta a la hora de llevar a cabo las reformas necesarias, pierde su capacidad para gobernar su diócesis según la opinión de la Iglesia? ¿Cuáles son los criterios por los que las más altas autoridades de la Iglesia juzgarán tales casos? ¿Cómo pueden tomarse esas decisiones, y aplicar inmediatamente soluciones, de forma que la Iglesia no sea rehén de los ataques de los medios hostiles a un obispo local ni de las campañas orquestadas por la cultura de la disidencia, pues ambas cosas pueden estar motivadas por algo distinto de la preocupación apasionada por la doctrina católica y la disciplina eclesiástica?

No será fácil responder a estas preguntas. Pero es necesario, y se deben encontrar respuestas. Para las autoridades de Roma es muy difícil reconocer que se creará más escándalo manteniendo a obispos deshonestos o incompetentes en su puesto que reemplazándolos. Pero Roma, a pesar de su profundo respeto por el cargo de obispo y por las legítimas prerrogativas de los obispos locales, y a pesar de la inercia y el nerviosismo institucional por miedo a más escándalos, debe reconocer este hecho y sustituirlos.

No cabe duda de que esos relevos serán necesarios en el futuro, incluso a corto plazo. La cuestión es cómo dar ese difícil paso sin dañar aún más la integridad de la Iglesia. Durante los últimos doscientos años, la Iglesia católica ha trabajado de forma diligente para separar el nombramiento de los obispos de las maquinaciones de los gobiernos seculares que reclamaban la dirección del proceso, una vieja costumbre que, durante el siglo XIX y el XX, comprometió la integridad del ministerio de la Iglesia. Tras tener éxito en desembarazarse de la presión del Estado en el nombramiento de los obispos, la Iglesia no puede hipotecar su libertad para elegir a sus obispos al antojo de plebiscitos populares. En contra de lo que cree la cultura de la disidencia, el hecho de que Roma tenga la última palabra en el nombramiento de los obispos ha ampliado la libertad de acción de la Iglesia. Proteger este logro es otro de los motivos por los que el Vaticano se ha mostrado reticente a considerar el relevo de los obispos que están bajo la presión del escándalo público. Lo que la Santa Sede debe entender ahora es que los escándalos exacerbados por la incompetencia o irresponsabilidad episcopal amenazan a la mismísima libertad de acción que el Vaticano trata celosamente de proteger.

Por eso, y no por satisfacer a la opinión pública, debe tomarse la decisión de relevar a los obispos deshonestos, incompetentes o heterodoxos. Y por eso deben definirse los criterios que determinen que un obispo ha perdido la capacidad de gobernar, de ser el buen pastor que debe ser tras su ordenación. Es urgente que se disponga de esos criterios, pues pronto habrá que comenzar a tomar decisiones. Al enfrentarse a estas complicadas cuestiones, unos criterios que reflejen las convicciones doctrinales de la Iglesia y sus preocupaciones disciplinarias de raíz teológica son la mejor defensa frente a las campañas para la dimisión de obispos que orquestará la cultura de la disidencia en estrecha cooperación con los medios de comunicación hostiles a la Iglesia.

El episcopado en Estados Unidos tiene la responsabilidad de emprender su propia reforma. Lo mismo debe hacer el Vaticano. Ambos deben tomar cartas en el asunto si desean convertir la crisis en una oportunidad, si desean que la misión evangélica de la Iglesia progrese y si desean que la brillante promesa del Vaticano II se realice.

CAPÍTULO NUEVE
De la crisis a la reforma

A Dorothy Day, cofundadora del movimiento Catholic Worker, le gusta especialmente un desafío a la fidelidad y el coraje que una vez planteó el papa Pío XI. El desafío tomó la forma de una invitación a la oración: «Demos gracias a Dios por hacernos vivir en tiempos difíciles. Ya no se permite a nadie ser mediocre.» Y es bien cierto. La excelencia cristiana, una conformidad más profunda a Cristo, es lo que se requiere de todo aquel que en la Iglesia católica se compromete a transformar la crisis de abusos sexuales del clero y el mal gobierno de los obispos en una reforma auténticamente católica.

La crisis de 2002 es, en verdad, una metáfora de toda la situación católica tras el Concilio Vaticano II. ¿Consiste la reforma católica en adaptarse al espíritu de los tiempos y, específicamente, a las demandas de la revolución sexual? ¿O consiste en recuperar y desarrollar la «forma» esencial de la Iglesia, las verdades dadas a ella por Cristo, que incluyen verdades morales sobre las formas en que los seres humanos pueden realmente florecer?

La reforma que no haga referencia a la «forma» es puro acomodo. El Concilio Vaticano II surgió de un enorme esfuerzo teológico que quería recuperar y desarrollar la «forma» original de la Iglesia: el movimiento de *ressourcement*, que buscaba revitalizar la «forma» esencial de la Iglesia en nuestro tiempo volviendo a las grandes fuentes de sabiduría cristiana: las Escrituras, los Padres de la Iglesia en el primer milenio y los maestros teológicos medievales. Ese redescubrimiento, el *ressourcement* en que creían los teólogos, llevaría a un verdadero *aggiornamento* católico (una puesta al día) de la vida y el pensamiento de la Iglesia. No puede haber *aggiornamento* sin *ressourcement*: no puede haber reforma sin tener en cuenta la forma.

El último hurra

La cultura de la disidencia, que carga con la mayor parte de la responsabilidad por haber creado las condiciones eclesiásticas de las que emergió la actual crisis, rechaza este punto fundamental. Su sentido de la «forma» esencial del catolicismo se ha debilitado severamente. Por eso, lo que la cultura de la disidencia denomina «reforma» es más bien una mera deconstrucción. Lo que imagina como reforma es, de hecho, catolicismo *light*.

La Brigada ligera, de todas formas, ha tenido su momento de gloria. Ahora ese momento ha pasado. Una de las cosas más tristes sobre la crisis de 2002 fue ver a tantos de los ancianos veteranos de la Brigada ligera, cuyas propuestas mal concebidas y cuya agitación intelectual han hecho tanto para hacer posible esta crisis, volver a las pantallas, a los micrófonos y a las columnas de los periódicos para aprovechar esta ocasión inesperada y genuinamente norteamericana: la segunda oportunidad. Parecían haber recuperado el vigor, estar seguros de sí mismos, completamente ignorantes de cualquier responsabilidad que ellos pudieran tener en la crisis. Era, en una palabra, patético.

El pontificado de Juan Pablo II ha sido muy difícil para la cultura de la disidencia. Karol Wojtyla era exactamente lo que la Brigada ligera quería como papa en 1978: un intelectual europeo moderno que había viajado mucho, hablaba varios idiomas, feliz, confiado, con enorme experiencia pastoral y una gran presencia pública. Pero a los pocos meses se hizo evidente que la Brigada ligera, tras obtener lo que quería, maldecía ahora el día en que lo había deseado. Y así comenzó el ataque a Juan Pablo II como un hombre que se había quedado atrasado respecto a la modernidad. La verdad, en cambio, es que Juan Pablo II es el primer papa verdaderamente moderno, en el sentido de que es un papa con una formación intelectual completamente moderna. Lo que sí tenía era un concepto completamente diferente de la modernidad del que defendía la Brigada ligera. No se propuso rendirse a la modernidad; se propuso transformarla.

Karol Wojtyla quedó convencido desde la segunda guerra mundial de que la crisis de la civilización mundial que había convertido el siglo XX en un matadero era una crisis del humanismo, una crisis causada por ideas desesperadamente erróneas sobre la persona humana, sus orígenes, su historia y su destino. Wojtyla era íntimo amigo del teólogo francés del *ressourcement* Henri de Lubac, S. I., y coincidía con su razonamiento de que el «drama del humanismo ateo» había conducido, inexorablemente, al Gulag, a Auschwitz y al debilitante utilitarismo que reduce a los seres humanos a materiales que otros manipulan. Una vez reconocido esto, la tarea cultural de la Iglesia era ayudar a rescatar el proyecto humanista proponiendo una alternativa al humanismo ateo: el humanismo *cristiano*, basado en la convicción de que Jesucristo revela tanto la faz del Padre misericordioso como el verdadero significado de nuestras vidas. Y eso, propuso Wojtyla, es sobre lo que debería tratar el Concilio Vaticano II. Y eso es sobre lo que ha tratado el pontificado de Juan Pablo II.

La Brigada ligera no ha entendido nada de todo esto. El diálogo que imagina mantener con la modernidad es en realidad un monólogo. Hay muy poca cosa en la teología del catolicismo *light* que represente un desafío contracultural serio al espíritu de los tiempos. El catolicismo *light* es un catolicismo flojo, comprensivo y simpático. Ser comprensivo y simpático son, por supuesto, virtudes. Pero como G. K. Chesterton apuntó ya hace mucho, el mundo está lleno de viejas virtudes cristianas «que se han vuelto locas». Cuando una gran tradición religiosa se enfrenta a un profundo desafío, como el que la modernidad le plantea al cristianismo, quedan sueltos por el mundo algo más que los vicios. Chesterton escribió: «Las virtudes también quedan sueltas, y las virtudes vagan de forma más salvaje y causan daños más terribles.» Eso es precisamente lo que ha pasado en la cultura de la disidencia. Las virtudes se han vuelto locas, y una de las consecuencias ha sido la doble crisis de abusos sexuales del clero y la irresponsabilidad de los obispos. Esta crisis sólo puede solucionarse con una forma más dura y más brillante de catolicismo, un catolicismo formado, como el diamante, bajo intensas presiones, pero precisamente por ello más hermoso y resistente.

La crisis de 2002 tiene muchas facetas. Una de ellas es que ha sido el último hurra de la Brigada ligera del catolicismo. Sí, la Brigada ligera aún retiene las cúpulas directivas de las instituciones intelectuales católicas más prestigiosas y se encuentra protegida de su propia esterilidad intelectual porque se trata de puestos vitalicios. Pero incluso ahí ha comenzado su ocaso. La generación joven de académicos no está interesada en el catolicismo *light*. Hombres y mujeres jóvenes, formados a imagen de Juan Pablo II y que viven con alegría la moral sexual católica están llenando los departamentos universitarios de teología y filosofía en las universidades católicas que, hace tan sólo diez años, eran feudo inexpugnable de la Brigada ligera. Estos jóvenes académicos son el futuro. Los miembros de la Brigada ligera aún saldrán en televisión y en las columnas de los periódicos porque los medios norteamericanos no pueden desembarazarse del hábito de escribir la historia estilo «hombre muerde a perro» que cuenta la cultura de la disidencia. Pero la Brigada ligera está envejeciendo. No está generando una nueva generación formada intelectualmente a su imagen. Y los resultados de su apoyo a la «disidencia fiel» son ahora visibles en los escándalos sexuales y en el liderazgo irresponsable de los obispos. El juego se ha acabado.

La ley de hierro

La crisis católica de 2002 es también un recordatorio que no podemos ignorar de la ley de hierro de la cristiandad y la modernidad: las comunidades cristianas que mantienen su identidad doctrinal y sus fronteras morales florecen en el mundo moderno; las comunidades cristianas que edulcoran su doctrina y su moral decaen. Contrariamente a lo que cree la gente, el movimiento cristiano está floreciendo en todo el mundo. Y en todos los casos, sin excepción, son las comunidades que rechazan los puntos de vista *light* sobre doctrina y moral las que están creciendo.

La ley de hierro exige enfáticamente a la Iglesia católica que no se retire a un búnker intelectual. La Iglesia está en el mundo para el mundo, incluso si a menudo debe discutir lo que el mundo cree que es verdad y bueno. Una Iglesia católica que cierre los puentes levadizos, cierre sus ventanas, atranque las puertas y se acurruque hasta que pase la tormenta y los bárbaros se retiren a los bosques es una iglesia que no está cumpliendo su misión evangélica. En esas circunstancias, la Iglesia sale perdiendo y el mundo también.

Tomarse la ley de hierro en serio requiere que el diálogo con la modernidad sea genuinamente una conversación de doble dirección, en la que se entienda que la sabiduría de la tradición cristiana, un rico patrimonio acumulado durante dos milenios, tiene cosas que decir, cosas importantes que la modernidad ignora bajo su propia responsabilidad. La cuestión de la libertad viene inmediatamente a la cabeza. La libertad desvinculada de las verdades morales acaba siendo inevitablemente una libertad caníbal. Cuando la libertad se convierte en un puro todo vale, inexorablemente sobreviene el caos. Y puesto que los humanos no pueden vivir en el caos, los hombres y las mujeres, enfrentados a la elección entre caos y cadenas, pedirán las cadenas. La libertad, entonces, desaparece. La clásica convicción apostólica de que la libertad no consiste en hacer lo que uno quiera sino en tener el derecho a hacer lo que debemos hacer es esencial si no queremos que la moderna búsqueda de la libertad se descomponga en nuevas formas de autoritarismo. La clásica convicción católica de que la libertad implica desarrollar la capacidad de escoger lo bueno en todo momento es esencial si no queremos que la libertad degenere en una especie de esclavitud autoimpuesta, la esclavitud de la dependencia del imperial y autoconstituido Yo. Los depredadores sexuales del clero son hombres esclavizados precisamente de esa manera. El desastre que han ocasionado, tanto en vidas privadas como en la Iglesia como comunidad, nos enseña una lección sobre la necesidad de establecer un diálogo más amplio y crítico que el propuesto por la cultura de la disidencia entre la Iglesia y la modernidad. Ha sido una lección que se veía venir desde hace tiempo. Ahora debemos aprender su significado.

El segundo misterio doloroso

Las quince décadas del rosario, clásica devoción católica, están construidas sobre tres ciclos de meditaciones sobre la vida de Cristo y María: los misterios gozosos (que se refieren a la historia de la Natividad y a los primeros años de Cristo); los misterios dolorosos (que se refieren a la pasión y muerte de Cristo), y los misterios gloriosos (que tienen que ver con la resurrección y sus efectos en la Iglesia primitiva). El segundo misterio doloroso es la flagelación de Cristo atado a la columna, que aparece en la pasión de los cuatro Evangelios.

La Iglesia no puede sino vivir la vida de su divino Señor. Así pues, la flagelación en el pilar es una metáfora aplicable a la situación de la Iglesia en Norteamérica durante la crisis de 2002. La Iglesia católica ha sido objeto de burlas, flagelada, golpeada y humillada. La flagelación ha sido peor, y la humillación ha sido más intensa, porque buena parte de ella ha sido debida a la maldad e irresponsabilidad de los hijos de la Iglesia, incluyendo a sus ministros ordenados.

Es esencial para todos aquellos comprometidos con vivir la plenitud de la verdad católica reconocer que la humillación probablemente continuará durante un tiempo. Debe soportarse. Esa humillación inevitablemente dará forma a la manera en que los fieles católicos piensan sobre la Iglesia. Una cosa es, y es cierto, decir que la Iglesia católica es una iglesia de pecadores, que incluso la vida disoluta de algunos papas del Renacimiento no pudo destruir la Iglesia y que la Iglesia ya ha pasado por muchos períodos de sufrimientos y purgas y ha salido fortalecida de ellos. Otra cosa muy diferente es experimentar la corrupción y la humillación día tras día. No hay hoy ningún católico en Estados Unidos, por anciano que sea, que haya pasado por una experiencia similar con anterioridad. Los efectos de esta humillación no pueden preverse por completo, pero que habrá efectos, y a veces efectos perturbadores, es algo seguro.

Por eso los católicos en Estados Unidos deben rezar y reflexionar sobre el misterio de la cruz. Un popular lema del Vaticano II dice: «¡Somos gente de la resurrección y el aleluya es nuestra canción!» Muy cierto. Pero antes de la resurrección vino la cruz y la humillación y la sensación de abandono que surge de ser clavado en la cruz. No es masoquismo sino sólida doctrina cristiana el reconocer que una de las lecciones de la crisis de 2002 es que los católicos de Norteamérica deben abrazar la cruz con la seguridad de que, al igual que sucedió hace dos milenios, la Pascua seguirá al Viernes Santo.

Los cristianos creen que lo peor que tiene que pasar en la historia de la humanidad ya ha sucedido. Pasó el Viernes Santo, cuando los humanos clavaron en la cruz al Hijo de Dios «... y se hizo la oscuridad sobre la tierra» (Mateo, 27.45). La respuesta a ello vino tres días después cuando la luz volvió a iluminar la tierra y resplandecía como nunca había resplandecido antes. Que la cruz lleva a la resurrección es un artículo de fe. También lo es la dolorosa verdad de que el camino a la gloria de la Pascua siempre pasa por el Calvario. Por ese motivo, la Iglesia de Estados Unidos no debe esconderse ante ese particular calvario que es la crisis de abusos sexuales del clero y de mal gobierno de los obispos. Los males que llevaron a esos actos de traición deben ser entendidos como lo que son. Deben ser exorcizados de la Iglesia. Ésa es la inevitable purga que tiene que preceder a la resurrección.

¿La Iglesia de quién?

En marzo de 2002 Betsy Conway, una hermana de St. Joseph, en la archidiócesis de Boston, fue citada por el articulista Michael Kelly (cuya columna aparece en diversos periódicos) diciendo: «Ésta es nuestra Iglesia, la de todos, y necesitamos recuperarla.» Michael Kelly estaba de acuerdo con ella. Tanto él como la hermana Betsy están equivocados.

Ésta es la Iglesia de Cristo, no la nuestra. No fue creada por nosotros ni por nuestros antecesores cristianos ni por los donantes que contribuyen anualmente al fondo diocesano, sino por Jesucristo. El Señor dejó este punto absolutamente claro en los Evangelios: «No me habéis elegido vosotros a mí, sino que yo os he elegido a vosotros» (Juan, 15.16). Como un sacerdote jesuita, un estudioso perspicaz y un crítico agudo de la corrupción de su propia comunidad, dijo a sus amigos por escrito como respuesta a la columna de Kelly: «No podemos recuperar la Iglesia porque nunca nos ha pertenecido, y en el mismo instante en que la hacemos "nuestra" estamos condenados. No hay ninguna institución humana, sin importar lo perfectamente puros, valientes y fieles que sean sus miembros, que podrá redimir jamás siquiera un pecado venial. Ése es el razonamiento que san Pablo intenta transmitir a los romanos en sus dieciséis capítulos.»

Un sacerdote recién ordenado durante las primeras semanas de la crisis explicaba una historia de san Francisco de Asís. En tiempos de Francisco (el siglo XIII), la moral sexual del clero era lamentable y la de los laicos era aún peor. Una vez, uno de sus hermanos franciscanos, un hombre muy preocupado por el escándalo, se acercó a él y le preguntó: «Hermano Francisco, ¿qué harías si supieras que un hombre que está celebrando misa tiene tres concubinas?» Francisco respondió: «Cuando llegara el momento de la sagrada comunión, iría a recibir el sagrado cuerpo de mi Señor de las ungidas manos de ese sacerdote.» Francisco de Asís (a pesar de todo el edulcoramiento de *Hermano Sol, hermana Luna* y otras fantasías cinematográficas) no era un ingenuo. Durante los últimos años de su vida llevó los estigmas de Cristo en su propia carne. Su respuesta a este preocupado hermano franciscano era a la vez teológicamente ortodoxa y profundamente sabia: se trata de la Iglesia de Cristo, y celebra los sacramentos por la gracia de Cristo. Es de importancia vital que lo recordemos cuando, como sucede, la gente de la Iglesia pide a los sacerdotes y a los obispos que rindan cuentas de su mandato. La gente de la Iglesia tiene el deber de exigir esas responsabilidades y de asegurarse de que su petición es escuchada. Pero la gente de la Iglesia tiene que recordar siempre que la Iglesia es de Cristo, no nuestra.

Los sacerdotes y los obispos han estado presentes en el pensamiento de los católicos de Estados Unidos durante la crisis, pero los católicos estarían muy equivocados si creyeran que esta crisis de fidelidad no tiene nada que ver con todos y cada uno de nosotros. Esta Iglesia es de Cristo, y Cristo tiene una forma peculiar de enfrentarse con los tiempos de escándalos y reforma: a través del Espíritu Santo, Cristo trata los fallos de los hijos e hijas de la Iglesia haciendo surgir santos que renueven la plenitud de la verdad católica en la Iglesia.

Eso quiere decir que la única respuesta adecuada a la crisis del año 2002 es la respuesta que siempre buscamos cuando la Iglesia ha tocado fondo. El llamamiento a la santidad debe ser vivido más intensamente por todos los miembros de la Iglesia, sea cual sea su estado. *Todos*. La crisis de 2002 es, en este aspecto, como cualquier otra crisis de la historia de la Iglesia. Es una crisis causada por la carencia de santos. Es un toque de alarma para todo católico, una llamada no para «recuperar» lo que nunca ha sido nuestro, sino para vivir una vida más santa.

La gran aventura

Se necesita un cambio en la manera en que el clero se entiende a sí mismo y también en su disciplina. La Iglesia necesita desesperadamente un liderazgo episcopal que confíe en su capacidad de mando y que esté preparado para hacer lo que hace falta hacer para transformar esta crisis en una oportunidad evangélica. Por el mismo motivo, los católicos deben comprender que el camino que conduce del escándalo a la reforma y de la crisis a la oportunidad no es primordialmente un camino de cambios institucionales. Lo que se ha roto debe ser reparado. Pero se ha roto mucho más de lo que se puede reparar por la vía de las reformas institucionales, por importantes que éstas sean.

El camino de la crisis a la reforma es el camino por el cual la Iglesia entera redescubre la gran aventura de la fidelidad y de la ortodoxia católica. El catolicismo *light* fracasa porque está equivocado. El catolicismo *light* también fracasa porque es aburrido. La historia de amor de la ortodoxia es, de hecho, la historia de amor del mundo. Si lo que la Iglesia enseña no es sólo la verdad sobre la historia de la Iglesia sino también la verdad sobre la historia del mundo, entonces ser un católico ortodoxo, pensar con la Iglesia y vivir al servicio de los demás debido a las propias convicciones católicas es ayudar a que el mundo cumpla su verdadero destino.

Y eso es una gran aventura. No hay nada tedioso o aburrido en la gran aventura de la ortodoxia. Es un viaje lleno de montañas, desiertos y tormentas. A menudo saca de nosotros más de lo que nunca imaginamos poseer y entonces, cuando pensamos que hemos llegado a nuestro límite, descubrimos que el Espíritu Santo ha vuelto a llenar la fuente de nuestro coraje, que resulta ser más profunda y tener una agua más cristalina de lo que jamás habríamos imaginado.

Vivir la aventura de la ortodoxia es la única respuesta a la crisis de fidelidad que es lo que en realidad *es* la crisis de la Iglesia de Estados Unidos comprendida en toda su plenitud. Redescubrir el coraje de ser católico es la forma en que toda la gente de la Iglesia —obispos, sacerdotes y laicos— transformarán el escándalo en una reforma y la crisis en una oportunidad.

Eso puede suceder. Va a suceder. La Iglesia está pasando por una purificación que Dios debe haber puesto ante nosotros con un propósito. Ese propósito es la renovación de la Iglesia según la doctrina del Concilio Vaticano II. Sin esconderse de los escándalos y las conductas deshonestas ni de la humillación que los acompaña, todo católico comprometido con la reforma auténticamente católica puede decir, como el papa Pío XI y Dorothy Day: «Demos gracias a Dios por hacernos vivir en tiempos difíciles. Ya no se permite a nadie ser mediocre.»

Agradecimientos

Muchos amigos y colegas han tomado parte en la preparación de esta obra, compartiendo conmigo sus pensamientos, documentos, materiales, conversación y, sobre todo, su solidaridad durante la crisis católica de 2002. Me hace feliz reconocer sus contribuciones ahora: John Allen, el cardenal William W. Baum; Jody Bottum; Richard Boudreaux; Don Briel; monseñor Charles Brown; el padre Romanus Cessario, O. P.; monseñor James Conley; el padre Raymond De Souza; el padre Joseph Augustine DiNoia, O. P.; el cardenal Avery Dulles, S. I.; Mary Eberstadt; el padre Brian Farrell, L. C.; monseñor Thomas Fucinaro; Mary Ann Glendon; Carter Griffin; Germain Grisez; el obispo James M. Harvey; Melinda Henneberger; el padre Mark Knestout; Gary Kozel; el padre Matthew Lamb; el padre Roger Landry; Elizabeth Lev; el obispo William E. Lori; Francis X. Maier; el padre Paul Mankowski, S. I.; el padre Robert McClory; el padre Timothy McMorland; el padre Timothy Moyle; el padre Christopher Nalty; el padre Richard John Neuhaus; el padre Jay Scott Newman; el embajador James Nicholson; Suzanne Nicholson; Michael Novak; el arzobispo George Pell; Robert Royal; el padre Michael Serwin, O. P.; el padre K. Bartholomew Smith; el cardenal J. Francis Stafford; monseñor Daniel Thomas; el obispo Allen H. Vigneron, y el padre Thomas Williams, L. C.

Algunas de las ideas de este libro fueron planteadas por primera vez en mi columna semanal «The Catholic Difference». Quiero expresar mi agradecimiento a los miembros del *Denver Catholic Register*, que son los responsables de que mi columna esté sindicada a otros diarios, especialmente gracias a Greg Kail.

Ever Johnson, mi asistente, leyó el manuscrito meticulosa y profundamente. Ella y Dee Roed mantuvieron mi oficina bajo control mientras estaba trabajando en este proyecto. También querría dar las gracias a mi amigo y colega el doctor Hillel Fradkin, presidente del Ethics and Public Policy Center, por considerar este libro como una parte fundamental del trabajo de su centro.

Como siempre, mi agradecimiento a los sacerdotes y la gente de la parroquia de St. Jane Frances de Chantal en Bethesda, Maryland, por su amistad y el apoyo en sus plegarias.

Elizabeth Maguire, mi editora, y sus colegas en Basic Books han sido los baluartes en que se ha apoyado este libro desde el principio. Lori Hobkirk hizo un gran trabajo en su corrección. Estoy también agradecido, como siempre, por la habilidad y los consejos de mi agente, Loretta Barrett.

Y, por supuesto, mi amor y mi gratitud a Joan, mi esposa, y a Gwyneth, Monica y Stephen.

G. W.

29 de junio de 2002, festividad de San Pedro y San Pablo

Índice analítico

aborto: 55, 71, 88.
   y obispos: 108-111.
abusos sexuales: *véase* Iglesia católica, crisis de 2002 en, abusos sexuales; protestantismo, abusos sexuales.
Agustín de Hipona, san: 161, 174, 189, 193, 196.
Ambrosio de Milán, san: 189, 193, 196.
ascetismo: *véase* Iglesia católica, ascetismo en la.
Ashcroft, John: 22.
Atanasio, san: 189, 193.
Azzarone, Daniel: 23.

Baltimore, Maryland: 23, 27.
Benito de Nursia, san: 13.
Bernardin, Anthony: 198.
Bevilacqua, Anthony: 134.
Bietighofer, Alfred: 27.
Blackwell, Maurice: 27.
Boston College Chronicle: 175.
Boston Globe, y abusos sexuales de sacerdotes: 19, 20, 21, 24, 55, 59.
Boston Herald: 24, 105.
Boston, Massachusetts, y abusos sexuales de sacerdotes: 19-20, 21, 24, 25, 27, 53, 95, 102-103, 133.
Bridgeport, Connecticut: 27.

Brown, Helen Gurley: 61.
Buenaventura, san: 161.

California, provincia de los jesuitas: 146.
Carlos Borromeo, san: 189, 193, 196.
Carroll, James: 55.
Casaroli, Agostino: 128-129.
caso de Washington: *véase* tregua de 1968.
Castrillón Hoyos, Darío: 23, 130-131, 136.
Catecismo de la Iglesia católica: 155, 170.
Catholic Theological Society of America (CTSA): 77-78, 79, 87.
catolicismo *light*: 12-13, 17, 94, 144, 208, 210, 211, 217.
celibato: *véase* Iglesia católica, y celibato.
Chaput, Charles: 95.
Chesterton, G. K.: 210.
Chicago Tribune: 22.
Cirilo de Alejandría, san: 196.
Cleveland, Ohio: 22.
Clinton, Hill: 127.
Comiskey, Brendan: 23.
Concilio de Trento (1545-1563): 14, 15, 66.
Concilio Lateranense II (1129): 47-48.
Concilio Lateranense V (1512-1517): 15.
Concilio Vaticano I (1869-1870): 32.
Concilio Vaticano II (1962-1965): 78, 116,

222 ÍNDICE ANALÍTICO

145, 169, 171, 198, 205, 207, 209, 213, 217.
contribución a la crisis del: 67-72, 82, 85, 87-88, 160.
reformas del: 12-13, 14-15, 16, 31-32, 33, 35, 36, 39, 44, 99-100, 120-121, 176, 188, 189-190, 193-194.
supuesto fracaso al aplicar el: 51-53.
y el *ressourcement*: 207-208.
y la autoridad del papa y los obispos: 117-118, 119.
y la colegialidad: 113.
y la prensa: 200.
Conferencia Católica de Estados Unidos: 198.
Conferencia Episcopal Católica de Estados Unidos (CECEU): 134.
descripción: 112.
necesidad de reformas en la: 198-201.
tensiones con el Vaticano: 91-94, 119.
y los abusos sexuales de sacerdotes: 24-25, 85-87, 135, 136, 138-139, 141-142, 185.
Congregación para el Clero: 74.
Congregación para la Doctrina de la Fe: 78, 125.
Congregación para los Obispos: 191-192, 198.
Connors, Canice: 105.
Consalvi, Ercole: 129.
Constitución Dogmática sobre la Iglesia: 117.
contracepción: *véase* control de natalidad; píldora anticonceptiva.
control de natalidad: 71, 73, 74, 76, 77, 118.
Conway, Betsy: 214.
Cozzens, Donald: 57.
cultura de la disidencia: *véase* Iglesia católica, y cultura de la disidencia.
curia romana: 36, 91, 120-122, 126, 128, 129, 131-132, 202-203.

Day, Dorothy: 207, 217.
Dearden, John: 198.
Denver, Colorado: 95, 132.
Día Mundial de la Juventud (1993): 132.
Dziwisz, Stanislaw: 136.

Edad Media: 14, 48.
Edad Oscura: 13.
educación sacerdotal: 169-172, 174.
educación teológica: 159-164.
Egan, Edward M.: 21, 97.
Escolástica, santa: 13.
eutanasia: 55, 109, 111.
Ex Corde Ecclesiae: 199.

Fall River, Massachusetts: 95.
Fay, William: 24, 134.
Francisco de Asís, san: 215.
Francisco de Sales, san: 189, 193, 196.
Frost, Robert: 52.
Fundación Papal: 134.

Gauthe, Gilbert: 86.
Geoghan, John: 19, 27, 28, 53, 55, 56, 105-106, 125.
Ghirlanda, Gianfranco: 126-127.
Girard, Steven: 23.
gnosticismo: 69.
Graduate Theological Union: 163.
Gran Depresión: 71.
Gregorio VII, papa: 14, 65.
Gregory, Wilton: 24, 134, 135, 139.

Hartford Courant: 21.
Hechos de los apóstoles: 64, 189.
Hefner, Hugh: 61.
Heidegger, Martin: 68.
Herranz, Julián: 203.
Hitler, Adolf: 68.
Hopkins, Gerard Mantley: 153.
Human Sexuality: New Directions in American Catholic Thought: 77-79.
Humanae Vitae: 59, 73-76, 77, 152.

identidad sacerdotal: 35-37, 143-144, 164, 165-169, 172, 178-179, 185.
Iglesia católica:
anteriores reformas de: 13-14, 15, 65-66,

ÍNDICE ANALÍTICO 223

84-87, 144, 149; *véase también* Gregorio VII, papa; Juan Pablo II, papa, y reformas; Concilio Vaticano II (1962-1965) reformas de.
ascetismo en la: 174-176.
camaradería, fraternidad y espíritu de club en: 83-84, 111-113, 171-172, 183, 201.
clericalismo en: 103-104.
compasión mal entendida sobre abusos sexuales en la: 107-108, 114.
conducta sexual deshonesta con adultos que consienten: 183, 184.
«confesionalización» de la: 101-102, 201
crisis de 2002 en, abusos sexuales (comparados con la media nacional): 30, 37-38.
crisis de 2002 en, abusos sexuales (general): 13, 19-21, 22, 23, 25-26, 27-28, 30-31, 33-34, 37, 42, 56, 58, 88, 94-95, 165-166, 212, 213-214.
crisis de 2002 en, abusos sexuales (heterosexuales): 28, 182.
crisis de 2002 en, abusos sexuales (homosexuales): 19-20, 21, 22, 23, 26, 27, 28-29, 44, 54, 56, 111, 114, 135, 141, 181-182.
crisis de 2002 en, abusos sexuales (pedofilia): 11-12, 19-20, 21, 22-23, 24-25, 26, 28, 29, 37-38, 44, 53-54, 104-105, 107, 139, 182, 184.
crisis de 2002 en, abusos sexuales (políticas de respuesta a): 181-185.
crisis de 2002 en, identidad sacerdotal: 31-37, 178.
crisis de 2002 en, liderazgo episcopal: 11-12, 13, 28, 30, 35, 37-40, 41, 42, 50, 53, 58, 59, 88, 91-116, 119, 122, 132-133, 135, 141, 188, 189, 197, 214.
crisis de 2002 en, porque la sincronización de: 67-84.
crisis de 2002 en, seguimiento de Cristo: 40-42.
crisis de 2002 en, y fidelidad: 16-17.

crisis de 2002 en, y ley canónica: 124-127, 140.
crisis de 2002 en, y Roma (Vaticano): 54-55, 57-58, 119, 122, 123-125, 126-128, 130-142, 181, 202-204.
crisis de 2002 y, malentendidos de: 43-45; *véase también* medios de comunicación y abusos sexuales de sacerdotes.
«disidencia fiel» en la: 87-89, 201, 211.
erosión de la disciplina en los seminarios de la: 80-82, 83-84.
estructura de autoridad en la: 117-119, 120-122.
ética sexual de la: 59-62, 77-79, 80, 81-82, 94, 106, 115, 151-154, 155-156, 158-159, 210.
fracaso de la imaginación y del ímpetu en la: 114-116.
homosexualidad en: 23-24, 25-26, 27-28, 29, 57, 81, 146, 155-157, 182-183; *véase también* Iglesia católica, crisis 2002 en la, abusos sexuales (homosexuales).
homosexualidad, puntos de vista sobre la: 77, 81, 88, 155-157, 199-200.
malos consejeros en: 114-115.
necesidad de reforma en la (educación teológica): 160-164.
necesidad de reforma en la (general): 12, 13, 16-17, 59, 86, 142, 189-190, 193-194, 207-208, 210, 216-217.
necesidad de reforma en la (obispos): 187-201, 205, 216.
necesidad de reforma en la (sacerdocio): 165-166, 167, 169-176, 177-185, 188-189.
necesidad de reforma en la (seminarios y noviciados): 143-154, 157, 158, 159-164.
necesidad de reforma en la (Vaticano): 126-127, 202-205.
reclutamiento de vocaciones en: 179-181.
selección de obispos en la: 191-198, 204-205.
soledad en, y tentación: 172, 173.

y autoritarismo: 34, 44, 49-51, 69, 92, 93, 102-103.
y burocracia: 70-71, 72, 99-104, 197, 201.
y celibato: 148, 167-168, 171, 179.
  como supuesta causa de la crisis: 43, 45-46, 57.
  cuestionamiento del: 35, 81, 94.
  desafíos de la homosexualidad para el: 156.
  necesidad de determinar: 183-184.
  necesidad de educación sobre el: 150-154, 158, 159.
  tradición e historia del: 14, 39, 46-49, 52.
  violaciones del: 29, 37, 182-183.
y ascetismo: 174-176.
y chantaje: 114.
y drogas: 25.
y la cultura de la disidencia: 98, 119, 132, 147, 152, 162, 201, 204, 205, 208, 212; contribución a la crisis de la: 57, 72, 75-76, 77-78, 79, 88-89, 102, 135, 137, 138, 141, 202-203, 208, 210-211; *véase también* Concilio Vaticano II (1962-1965), contribución a la crisis de.
y pornografía: 22, 171.
y psicoterapia: 57, 95, 104-106, 107, 111, 114, 157-160.
y reticencia a parecer conservador: 108-111.
y revolución sexual: 16, 45, 57, 61, 71, 72, 81, 154, 207.
y traición: 64, 65.
Véase también otros tópicos específicos.
Interfaith Sexual Trauma Institute: 30.
Izquierda católica: 71.

Jenkins, Philip: 57.
Juan Crisóstomo, san: 189, 193.
Juan Pablo II, papa: 14, 68, 189, 196.
  Carta de Jueves Santo de 2002: 41-42, 130-131.

como obispo: 190, 197.
confianza en: 119.
reuniones con los obispos de: 121-122.
separación del clero de sacerdotes por: 125.
«teología del cuerpo» de: 60-62.
y el control de natalidad: 74-75.
y el sacerdocio de las mujeres: 110.
y la Brigada ligera: 208-209, 210-211.
y la identidad de los sacerdotes: 36, 37, 143-144, 164, 166.
y la vitalidad de la Iglesia: 132.
y las reformas: 12, 13, 15, 84-85, 100, 130, 152.
y las tensiones entre el Vaticano y los obispos: 91-92, 93-94.
y los abusos sexuales: 23, 25, 27, 57-58, 60, 130-131, 133-138, 141, 181, 202-203.
y los laicos: 176-177.
y los medios de comunicación: 130.
judaísmo: 16.
Judas Iscariote: 64, 65.

Keeler, William H.: 27, 134.
Kelly, Michael: 214-215.
Kos, Rudy: 58, 125.
Kosnick, Anthony: 78.
Kuchar, Bryan: 24.

laicos y sacerdotes: 176-179.
Lamb, Matthew: 175.
Law, Bernard F.: 20, 24, 25, 27, 55, 102-103, 104, 109, 136.
León IX, papa: 66.
ley de hierro del cristianismo y la modernidad: 211-212.
libro de Gomorra, El: 65-66.
Los Angeles Times, y abusos sexuales del clero: 20, 22, 26.
Los Gatos, California: 22.
Louisville, Kentucky: 27.
Lubac, Henri de: 209.
Lundin, John: 30.

ÍNDICE ANALÍTICO 225

Lustiger, Jean-Marie: 68.
Lynch, Robert: 22.

Mahony, Roger: 20-21, 25-26, 103.
mal gobierno episcopal: *véase* Iglesia católica, crisis de 2002 en liderazgo episcopal.
Manchester, New Hampshire: 20, 26.
Masters y Johnson (terapeutas sexuales): 21.
masturbación: 77.
matrimonio homosexual: 24, 55.
May, John: 91-92, 93-94.
McCarrick, Theodore: 134, 139.
medios de comunicación y abusos sexuales de sacerdotes: 12-13, 22, 28-29, 43-45, 54-59, 98, 127-128, 129, 136-137; *véase también* Vaticano, y medios de comunicación; periódicos específicos).
misterios dolorosos: 212.
movimiento de *ressourcement*: 207-208, 209.
movimiento por los derechos civiles: 109-110.
mujeres y sacerdocio: 88, 110, 162.
Murphy, William: 22.

Navarro Valls, Joaquín: 129-130.
New York Times: 59.
  ataques al catolicismo: 55.
  sobre *Roe vs. Wade*: 108.
North American Man-Boy Love Association: 23-24, 53.
Nouwen, Henri: 82.
Nuevo Testamento, orígenes y escritos del: 63-64.

obispos: *véase* aborto, y obispos; Iglesia católica, 2002 crisis en, liderazgo episcopal; Iglesia católica, camaradería, fraternidad y espíritu de club en la, necesidad de reforma en (obispos); Iglesia católica, selección de obispos en la; Juan Pablo II, papa; reuniones con obispos de; Conferencia Episcopal de Estados Unidos; Vaticano,

tensiones con los obispos de; otros tópicos específicos.
O'Boyle, Patrick: 73-74, 75.
O'Connell, Anthony: 21, 197-198.
O'Connor, John: 132.
O'Malley, Sean: 95.

Pablo VI, papa: 72, 73, 74, 87, 117, 121.
Pablo, san: 46, 215.
Paetz, Juliusz: 23.
Palm Beach, Florida: 21.
Partido Demócrata: 109.
Pastores Dabo Vobis: 36, 85, 144, 164.
Pecharich, Michael: 20.
pedofilia: *véase* Iglesia católica, crisis de 2002 en, abusos sexuales (pedofilia).
Pedro Damián, san: 66.
Pensacola, Florida: 25.
píldora anticonceptiva: 71, 73.
Pío XI, papa: 207, 217.
Pol Pot: 68.
Pontifical North American College: 85.
Pontificia Universidad Gregoriana de Roma: 150, 163.
Pontificio Consejo para los Textos Legislativos: 203.
pornografía: *véase* Iglesia católica, y pornografía; protestantismo, problema de la pornografía.
Porter, James: 86, 95.
protestantismo:
  abusos sexuales: 30, 44.
  burocratización: 100, 201.
  problema de la pornografía: 30.
  Reforma: 13, 14, 35.
psicoterapia: *véase* Iglesia católica, y psicoterapia.

Ratzinger, Joseph: 92, 93, 94, 135, 136.
Re, Giovanni Battista: 135, 136.
Reese, Thomas: 201.
reforma: *véase* Iglesia católica, necesidad de reforma en.
Rieff, Philip: 104.

Roberts, Mark: 26.
Robichaud, George: 26.
Roe vs. Wade: 108.
Roma: *véase* Iglesia católica, crisis de 2002 en, y Roma (Vaticano); Iglesia católica, estructura de autoridad en la; curia romana; Concilio Vaticano II (1962-1965); Vaticano; otros tópicos específicos.
Rooney, Donald F.: 22.
sacerdotes: *véase* Iglesia católica, crisis de 2002 en el seguimiento de Cristo; Iglesia católica, crisis de 2002 en, fidelidad; Iglesia católica, crisis de 2002 en, abusos sexuales; Iglesia católica, y celibato; Iglesia católica, ascetismo en la; Iglesia católica, camadería, fraternidad y espíritu de club en la; Iglesia católica, necesidad de reforma en (sacerdocio); Iglesia católica, reclutamiento de vocaciones en la; laicos y sacerdotes; educación sacerdotal; identidad sacerdotal; mujeres y sacerdocio; otros tópicos específicos.

San Francisco Chronicle: 25.
sanador herido, El: 82.
«sanador herido», síndrome del: 82-84.
Sartre, Jean-Paul: 68.
segunda guerra mundial: 52, 71, 109, 201, 209.
seminarios: *véase* Iglesia católica, erosión de la disciplina en los seminarios de la; Iglesia católica, necesidad de reforma en (seminarios y noviciados), otros tópicos específicos.
Shanley, Paul: 23, 53, 55, 136.
Sínodo de obispos, reunión (1990): 36, 85, 130.
Skylstad, William: 24, 134.
Sodano, Angelo: 136.
St. Louis, Missouri: 24.
St. Luke's Institute: 27, 105.
St. Petersburg, Florida: 22.
Stafford, J. Francis: 95, 139.

Stalin, Iósiv Vissariónovich Dzhugashvili, *llamado*: 68.
Stockton, California: 25.
Sutphin, Carl: 26.
Symons, J. Keith: 21.

Triumph of the Therapeutic, The: 104.
Theological College de Washington: 81.
Tomás de Aquino, santo: 161.
tregua de 1968: 73-77, 79, 87, 89.
Tucson, Arizona: 19.

Un rebaño de pastores: 201.
Universidad Católica: 199.

Vaticano:
  confianza de los obispos en el: 132.
  necesidad de reformas en el: 127.
  tensiones con los obispos del: 91-94, 119, 132.
  y la crisis de 2002: 54-55, 57-58, 119-120, 122, 123, 124, 125-128, 130-142, 144-145, 181; *véase también* Juan Pablo II, papa, y abusos sexuales.
  y los medios de comunicación: 128-131, 134, 137, 139-140, 203-204.
Vaticano II: *véase* Concilio Vaticano II (1962-1965).
Veritatis Splendor: 152.

Washington Post, y abusos sexuales del clero: 25, 54.
Weakland, Rembert: 25, 27-28.
Weber, Max: 197.
Williams, J. Kendrick: 27.
Wojtyla, Karol (Juan Pablo II, papa): 68, 93, 189, 190, 208-209.
World (revista): 30.
Wright, John: 74.
Wyszynski, Stefan: 189, 196.